Rosé
Granvillons
Demoy
L. JIRL

Cattelins Kochbuch

Cattelins Kochbuch

Internationale Meisterrezepte aus Stockholm

Mit einem Vorwort zur deutschen Ausgabe von E. Michael Salzer

REZEPTE
Kjell Blekenberg
Harry Uhr

TEXTE
Lars Falk

LAYOUT
Ove Pihl

FOTOS
Jan Åke Bengtsson

ChristianVerlag

Vorwort

Die Schweden sind selbst überrascht. Man muß längst nicht mehr die südliche Grenze überqueren, wenn man gut und abwechslungsreich essen will. Vor einigen Jahren noch konnte man die kulinarisch interessanten Gaststätten im Lande an den Fingern einer Hand abzählen. Heute gibt es allein in Stockholm Dutzende (unter den etwa 400) Restaurants, die eine ausgezeichnete, abwechslungsreiche internationale Speisekarte anbieten.

Ich meine nicht nur Luxuslokale wie den durch drei Sterne empfohlenen »Opernkeller«, oder die ganz auf die »grande cuisine française« eingestellten Restaurants »Gourmet« und »Grappe d'Or«; vor allem in der pittoresken Altstadt Stockholms, in den jahrhundertealten, pietätvoll renovierten Giebelhäusern aus der Hansezeit, findet man heute zahlreiche attraktive Restaurants, in denen man entweder in elegant eingerichteten Salons unter Kristallüstern oder in weißgekalkten alten Kellergewölben an groben Holztischen und bei Kerzenlicht französisch, italienisch, türkisch, serbisch, griechisch, deutsch, chinesisch oder auch gut schwedisch essen kann.

Für manche Leser mag der Begriff »Schwedische Küche« vor allem die Vision des berühmten »Smörgåsbord« hervorrufen, dieser gigantischen Überfülle appetitanregender Leckerbissen, wie sie etwa der Stockholmer »Opernkeller« in beispielhafter Auswahl, als Augenweide und Gaumenfreude, täglich um die Mittagszeit präsentiert.

Das Smörgåsbord ist ein Festessen, zugleich aber auch ein kulinarischer Spiegel des imposanten und vielfältigen schwedischen Landschaftsmosaiks mit delikaten Kostproben aus allen Provinzen. Die meisten der etwa fünfzig verschiedenen Gerichte dieses üppigen Buffets wurzeln in der bis in die Wikingerzeit zurückreichenden herrschaftlichen und bäuerlichen Hausmannskost, deren traditionelle Rezepte heutzutage vor allem in den guten schwedischen Restaurants, mehr noch als in den Küchen der schwedischen Haushalte, sorgfältig gepflegt werden.

Man wird diese Tradition kaum irgendwo besser gepflegt finden als im Restaurant »Cattelin«, gleich neben dem Königsschloß, zwischen dem Dom, der Reichskanzlei und der Börse (gegenüber: Jules-Claude Cattelin vor seinem Restaurant, das er 1920 übernahm). Mit seinen zahlreichen geschmackvoll und gemütlich eingerichteten Räumen, seinem speziellen »Fischkeller«, seiner großen Auswahl von echt schwedischen Alltagsgerichten und exquisiten, französisch inspirierten Geschmackserlebnissen, wurde »Cattelin« unter der Leitung des Stockholmers Harry Uhr und des gebürtigen Norwegers Kjell Blekenberg allmählich zu einer kleinen Oase für anspruchsvolle Feinschmecker auf der gastronomischen Landkarte der schwedischen Hauptstadt.

Diese beiden einander in Charakter und Geschmack so glücklich ergänzenden, einfallsreichen Köche haben, gemeinsam mit dem schon legendären Tore Wretman und anderen Pionieren der modernen schwedischen Küche, viel zur Reform des Stockholmer Restaurantlebens beigetragen. Sie vermochten sogar die so konservativen Schweden für bis dahin schnöde abgelehnte »exotische« Delikatessen, wie Weinbergschnecken, knoblauch-duftenden Champignonsalat, Kalbsbries und Kalbshirn zu begeistern. Zugleich verfeinerten sie aber auch die robuste, bäuerliche, kalorienreiche und mit viel Fett und Zucker auf das herbe nordische Klima abgestimmte schwedische Hausmannskost.

Als mich der damalige Ministerpräsident Tage Erlander vor einigen Jahren einmal nach einem Interview in der Reichskanzlei zum Lunch einlud, meinte er: »Heute gehen wir mal richtig schwedisch essen – aber mit einem französischen Akzent« und führte mich ins gegenüberliegende »Cattelin«. Er bestellte sein Lieblingsgericht »Kåldolmar«. Diese aus der Türkei stammende, nunmehr echt schwedische Spezialität (mit Hackfleisch, Reis und vielen Gewürzen gefüllte Weißkohlblätter) hatte hier hauptsächlich einen Hauch südländischer Herkunft.

Im »Cattelin« haben die meisten Minister – und auch ihre Sekretäre – ihre Stammtische. Hier treffen sich Künstler, Ärzte, Beamte, Manager, Touristen, ebenso wie Verkäuferinnen aus den kleinen Läden in den engen Altstadtgäßchen ringsum: ein erstklassiges, in seiner bescheidenen und gemütlichen Atmosphäre jedoch »klassenloses« Lokal, das man gern besucht, wenn man gut aber nicht zu teuer essen will. Jedermann bekommt hier etwas ganz nach seinem Geschmack. Ich erinnere mich des verzückten »Oh-la-la«, mit dem Maurice Chevalier am Nebentisch den zartduftenden Champignonsalat begrüßte und auch der Begeisterung John Steinbecks für den leicht »angebrannten« Geschmack von Harry Uhr's »Sotare« (Seite 62) wörtlich »Schornsteinfeger«, Ostseeheringe, die, wie der Name es andeutet, beinahe kohlschwarz gebraten auf den Tisch kommen.

Wer gerne »königlich« essen will, soll die erprobte Hausspezialität »Kungens sallad« (Salat des Königs, S. 29) versuchen oder »Kungens sjötunga« (Seezunge des Königs, S. 66), Variationen, die Blekenberg und Uhr besonders für den früheren König Gustav VI. Adolf komponiert hatten, ohne den sonst üblichen südländischen Hauch Knoblauch. Der auf seinen vielen Auslandsreisen gastronomisch wohlversierte Monarch, der sich gern selbst die Saucen mischte, ließ sich regelmäßig Hausspezialitäten vom »Cattelin« für sich und seine Gäste ins Schloß liefern. »Er war Stammgast bei uns, ohne je das Lokal betreten zu haben«, stellt Harry Uhr fest. Beim König herrschte jedoch Hausverbot für Knoblauch, wohl mehr aus Rücksicht auf seine Gäste als auf seinen Gaumen. In Rom, wo er alljährlich seine Herbstferien verbrachte, genoß er nämlich die stark gewürzten Lasagnes, die italienischen Fleischsaucen und Fischsuppen ohne sonderliche Bedenken.

Kjell Blekenberg und Harry Uhr sind selbst international geschulte Gourmets, die sich hingebungsvoll tagtäglich ihren Kochtöpfen widmen, um ihre Gäste zu verwöhnen. Sie experimentieren nicht allzu viel im Stil der »nouvelle cuisine«, versuchen eher die erprobten Rezepte jeweils »auf höchstem Niveau« zu verwirklichen, wie Harry Uhr es erklärt.

Ihr Kochbuch bezeichnen sie als eine »Mischung von echt schwedischer Hausmannskost mit einem französischen ›touche‹ und traditioneller französischer Küche, die wir auf tagesfrische lokale Rohwaren abgestimmt haben«. So entstand eine unverwechselbare, international zweifellos höchst attraktive »mélange« aus urwüchsiger nordischer Bauernkost und eleganter französischer Finesse, die sicherlich auch bei den deutschen Feinschmeckern viel Gefallen finden wird.

Allen Freunden der Kochkunst jedenfalls, die zuhause nach diesen Rezepten »echt schwedisch wie es am besten schmeckt, also mit einem leisen französischen Akzent«, kochen wollen, wünsche ich guten Erfolg und guten Appetit. E. Michael Salzer

E. MICHAEL SALZER, geb. 1908 in Wien, arbeitet seit mehr als fünf Jahrzehnten journalistisch für eine Reihe führender europäischer und amerikanischer Zeitungen und Rundfunksender. Seit 1947 ist er, ein großer Kenner Nordeuropas, Skandinavienkorrespondent führender Blätter, u. a. berichtete er von 1948 bis 1955 für Time-Life International, für »The Guardian« und den »Observer« ebenso wie für »Die Welt« (1954 bis 1968), die Zürcher »Weltwoche« und »Die Zeit«. Er ist regelmäßiger Mitarbeiter der Zeitschriften »Merian« und »Feinschmecker«.

Salzer lebt in Stockholm; seine Kennerschaft der schwedischen Küche dokumentierte er in dem Band »Smörgåsbord«, erschienen 1978 im Wilhelm Heyne Verlag München, für den er zur Zeit an einem Buch mit dem Titel »Köche der Könige – Könige der Küche« arbeitet.

Cattelin

In einem der ältesten Viertel der Stockholmer Altstadt, Mercurius genannt, etablierte sich um das Jahr 1920 der französisch-belgische Koch Jules Claude Cattelin. Dieses Stadtviertel – nach dem Götterboten Mercurius benannt, der nicht nur der Gott des Handels, sondern auch der Beschützer der Diebe und Schelme war – hat eine bewegte Geschichte und wurde im Laufe der Jahrhunderte immer wieder Schauplatz blutiger politischer Auseinandersetzungen.

Im 12. und 13. Jahrhundert war diese Gegend vermutlich eine Wiese vor dem Zolltor, das nach neuesten Forschungsergebnissen unterhalb der Västra Långgatan stand. Nach Westen hin, dem ehrwürdigen Stockholmer Dom zu, hatte der katholische Dompfarrer wahrscheinlich sein Gemüsegärtchen. Bald jedoch dehnte die Stadt sich aus, und die Gegend wurde begehrtes Bauland, das später im Norden und Süden von wichtigen Straßen eingefaßt wurde. Die südliche Begrenzung war die Gråmunkegränd, und hier in dieser Gasse befindet sich heute Cattelins Fischrestaurant.

Hier wurde auch Erik Dahlbergh geboren, der Schöpfer des großschwedischen Propagandawerkes »Suecia Antiqua et Hodierna«. Eine Gedenktafel an der Ecke Västerlånggatan erinnert an den Sohn dieses Stadtviertels, der sich aus bescheidenen Verhältnissen zum Grafen und Feldmarschall emporgedient hatte.

In der Storkyrkobrinken kam es vor Nr. 9 in der Folge der Pariser Februar-Revolution 1848 zu Tumulten, als eine aufgebrachte Volksmenge sich vor dem Hause des unbeliebten konservativen Politikers von Hartmansdorff zusammenrottete, um sich Gehör zu verschaffen.

In derselben Gasse, in der heute das Restaurant Cattelin liegt, befand sich bis zum Ende des 18. Jahrhunderts auch das berühmte Gasthaus »Duvan« (Die Taube), wo zu Anfang des 17. Jahrhunderts ein Bruder des berühmten schwedischen Dichters Carl Michael Bellman Wirt war.

Das Lokal, das Jules Cattelin 1920 übernahm, war ein Bierlokal (»Heidelberg« genannt), und den Charakter eines Bierlokals behielt es noch lange, wobei sowohl schwedische wie auch französische Hausmannskost serviert wurde.

M. Cattelin war 1897 nach Stockholm gekommen, um in verschiedenen berühmten schwedischen Restaurants zu arbeiten. Dabei lernte er übrigens auch seine spätere Frau Gerda kennen. Sein Restaurant war ein reiner Familienbetrieb, und M. Cattelin entwickelte sich mit der Zeit zu einem richtigen französischen »Patron«. Man führte ein Stockholmer bürgerliches Leben und zog im Sommer hinaus in die Schären, wo Vater Jules in Ruhe und Frieden angeln konnte. Jules Claude, seine Frau Gerda und später auch seine Tochter Gertrud führten das Restaurant gemeinsam. Cattelin wurde ein äußerst beliebtes Lokal, und in den zwanziger Jahren zählten vor allem Künstler zu den treuesten Stammgästen, die sich dort an Cattelins köstlichen Schnecken ergötzten.

Während des Krieges herrschte bei Cattelin eine besondere Atmosphäre. In jener Zeit gab es zahllose Flüchtlinge in Stockholm, und viele verkehrten bei Cattelin. Das Restaurant hatte ein internationales Ambiente, und sowohl Diplomaten als auch Journalisten fühlten sich hier wohl. Mitglieder der schwedischen Regierung und andere hohe Beamte ebenso wie Schriftsteller, Schauspieler und Künstler zählten und zählen damals wie heute zu Cattelins Stammgästen.

Seit 1946 sind die beiden neuen Patrons die Meisterköche Harry Uhr und Kjell Blekenberg.

Als Jules Cattelin 1920 sein Restaurant eröffnete, hatte er damit begonnen, die groben Eßgewohnheiten der Schweden zu zivilisieren. Zu jener Zeit machte der damals junge Harry Uhr seine Lehrzeit, um seine kulinarischen Kenntnisse und Erfahrungen zu erweitern. Im Jahre 1930 ging er nach Menton in Südfrankreich, und von dort brachte er seine außerordentliche Kenntnis französischer Weine mit. 1933 finden wir ihn in München, im legendären Restaurant »Vier Jahreszeiten«, wo er das zweifelhafte Vergnügen hatte, Männer wie Göring und Himmler zu bedienen. Einige Jahre später kehrte er nach Stockholm zurück.

Im Jahre 1943, angesichts der Lebensmittel-Rationierung und des wachsenden Kriegselends, entschloß J.C. Cattelin sich, sein Restaurant an Harry Uhr zu verkaufen.

1950 kam dann Kjell Blekenberg, der zweite Patron von Cattelin, hinzu. Seine Laufbahn begann 1946, und auch er hatte während seiner Lehrzeit in verschiedenen Restaurants hervorragenden Köchen über die Schulter geschaut.

Viele berühmte und unbekannte Gourmets hat das Restaurant bewirtet, sowohl unter Jules Cattelin als auch unter Harry Uhr und Kjell Blekenberg. Die Reihe illustrer Namen wird angeführt vom alten König Gustav VI. Adolf, der ein treuer Gast war, jedoch Knoblauch nicht ausstehen konnte. Der ehemalige Wirtschaftsminister Gunnar Sträng beispielsweise pflegte sonntags zusammen mit seiner Frau hier einzukehren, wo er sich oft mit einem Freund und Stammgast, dem Schriftsteller Ivar-Lo Johansson traf. Auch das Ehepaar Gunnar und Alva Myrdal und der Schriftsteller Vilhelm Moberg verkehrten hier, und Gunnar Björnstrand, der bekannte Ingmar-Bergman-Schauspieler und seine Frau Lillie, eine Schriftstellerin, zählten ebenso zu den Stammgästen wie die Künstler Roland Kempe und Ole Nyman, die mitgeholfen haben, Cattelins Restaurant auszuschmükken.

Aus Cattelins großer Schatzkammer köstlicher Rezepte ist nun ein Kochbuch entstanden, und alle hier beschriebenen Gerichte haben irgendwann einmal auf der Speisekarte gestanden. Dieses Kochbuch versucht, eine ebenso vielfältige Auswahl an Gerichten zu präsentieren wie das Restaurant in Stockholm.

Deshalb finden Sie im vorliegenden Buch eine ausgewogene Auswahl an Fleischgerichten, Fisch-Spezialitäten, Vor- und Nachspeisen, Alltags- und Festessen sowie Mahlzeiten, die einfach zuzubereiten sind und andere, die etwas komplizierter scheinen. Die stufenweise Beschreibung der einzelnen Vorbereitungs- und Kochvorgänge jedoch macht es selbst einem Anfänger leicht, anspruchsvolle Gerichte ohne Pannen zuzubereiten.

Die einzige Voraussetzung, die dieses Kochbuch an Sie stellt, ist daß Sie gute Küche sowohl zu schätzen als auch zu genießen wissen.

Vorspeisen.

Suppen.

Salate.

Fisch.

Krustentiere.

Fleisch.

Geflügel.

Nachspeisen.

SAL
CULINARE

Vorspeisen.

Muscheln à la Marinière.

Wo immer Fisch in Sud mit Weißwein, Zwiebeln und Gewürzen zubereitet wird, darf er in der internationalen Küche den Beinamen »à la marinière« tragen, was übersetzt »nach Art der Seemannsfrau« heißt. Diese Vorspeise aus Muscheln können Sie nur in den Monaten mit R zubereiten. Denn nur dann sind Miesmuscheln am Markt. Genau gesagt von September bis April. Und genau in dieser Zeit schmecken sie am besten.

FÜR 4 PERSONEN

48 frische Muscheln
1 Zwiebel
1 Schalotte
1/5 l trockenen Weißwein
1/2 Teel. Thymian
frisch gemahlener weißer Pfeffer
60 g Butter
2–3 Eßl. Mehl
1 Bund Petersilie

1.

Muscheln unter fließendem Wasser gründlich bürsten und im Wasser mehrmals spülen. Offene Muscheln wegwerfen. Sie sind verdorben.

2.

Zwiebel und Schalotte schälen und hacken. Wein in einen großen Topf gießen. Zwiebel, Schalotte, Thymian und Pfeffer zugeben. Aufkochen.

3.

Muscheln hineingeben. Im geschlossenen Topf 5–6 Minuten kochen. Topf gelegentlich rütteln, damit die Muscheln gleichmäßig garen.

4.

Muscheln in eine Terrine oder in tiefe Teller verteilen. Warm halten.

5.

Sud aufkochen. Butter mit Mehl verkneten. In den Sud flocken. Sud unter Rühren damit binden.

6.

Sud durchsieben. Auf die Muscheln gießen. Mit feingehackter Petersilie bestreuen.

7.

Dieses Gericht soll den frischen, salzigen Geschmack des Meeres haben, den das Aroma der Muscheln vermittelt.

Anchovis Vinaigrette.

Dieses Gericht kann Vorspeise, aber auch sommerliches Mittagessen sein. Falls Sie keine großen Anchovisfilets in Dosen bekommen, verwenden Sie küchenfertige kleine Matjesfilets. Aber nicht abspülen. Sonst verlieren sie ihren natürlichen Geschmack. Mariniert werden sie in unserem französischen Dressing. Das Rezept dafür finden Sie weiter unten.

FÜR 4 PERSONEN

20 große Anchovisfilets (Dose)
oder 10 kleine Matjesfilets
4 Eier
1 Zwiebel
gehackte Petersilie
Dressing

1.

Anchovisfilets in einer flachen, ovalen Schale anrichten.

2.

Eier in 8 Minuten hartkochen. Kalt abschrekken, schälen und fein hacken. Zwiebel schälen und fein würfeln. Gewaschene Petersilie klein schneiden. Eier, Zwiebel und Petersilie mischen und um die Anchovisfilets verteilen.

3.

Das folgende französische Dressing auf Vorrat zubereiten. Etwas davon über Fisch und Eiermischung geben.

CATTELINS DRESSING

Unser französisches Dressing ist klassisch, einfach und haltbar. Deshalb sollten Sie gleich einen Vorrat davon mischen. In fest schließender Flasche ist es fast unbegrenzt haltbar. Bitte jeweils vor Gebrauch gut schütteln.

1 Teel. heller französischer Senf
(Dijonsenf)
½ l Olivenöl
⅛ l roter oder weißer Weinessig
Salz
weißer Pfeffer

1.

Weinessig und Senf miteinander mischen.

2.

Das Öl in dünnem Strahl unterrühren. Dressing mit Salz und Pfeffer abschmecken.

Gebratene Champignons.

Wer frische Champignons von besonders guter Qualität verwendet, wird immer das schmackhafteste Ergebnis erreichen. Je kleiner die Pilze, um so besser und aromatischer sind sie. Große Champignons müssen Sie in vier Teile schneiden.

FÜR 4 PERSONEN

8 Eßl. Weißbrotkrümel von altem französischem Meterbrot
600 g kleine Champignons
40 g Butter
Salz, Pfeffer
1 Knoblauchzehe
gehackte Petersilie

1.

Mie de pain heißen die Weißbrotkrümel in der internationalen Kochsprache; man gewinnt sie aus ein bis zwei Tage altem Meterbrot (baguette). Brot fein reiben und sieben, so daß Sie feinste Krümel gewinnen.

2.

Die Champignons putzen, abspülen und gut trocknen.

3.

Butter in der Bratpfanne aufschäumen lassen. Die Champignons portionsweise bei starker Hitze braten. Auf diese Weise verlieren sie keine Flüssigkeit. Es ist wichtig, daß die Pfanne sehr heiß ist, damit die Pilze wirklich braten und nicht kochen.

4.

Pilze goldbraun braten, mit Pfeffer und Salz abschmecken. Pfanne vom Herd nehmen.

5.

Weißbrotkrümel und die geschälte, gepreßte Knoblauchzehe mischen. Zu den Champignons geben. Pfanne schütteln. Nochmal ganz kurz erhitzen und dabei mit einer Gabel umrühren. Dieser Vorgang darf nur ein paar Sekunden dauern, sonst verbrennt das Brot. Wenn alles klappt, wird sich außer dem Knoblauchduft bald zarter Nußduft ausbreiten. Das Brot soll die Butter und den Geschmack der Champignons aufnehmen. Petersilie draufstreuen und sofort servieren.

Zweimal Blumenkohl.

Um aus diesem wohlschmeckenden Gemüse vollwertige Gerichte zu machen, empfehlen wir hier zwei einfache, aber lekkere Rezepte. Für beide wird der Blumenkohl etwa 25 Minuten in Salzwasser gekocht. Er soll weich sein, aber noch »Biß« haben.

FÜR 4 PERSONEN

BLUMENKOHL MIT EI

1000 g frisch gekochter Blumenkohl
75 g Butter
2 hartgekochte, gehackte Eier
6 Eßl. frisches geriebenes Weißbrot
1 Eßl. gehackte Petersilie

1.

Blumenkohl abgetropft auf einer vorgewärmten Platte anrichten.

2.

Bratpfanne erhitzen. Butter darin aufschäumen lassen und hellgelb braten. Gehackte Eier und geriebenes Weißbrot hineingeben.

3.

Die Pfanne vom Herd nehmen. Mischung umrühren; gehackte Petersilie zugeben. Mischung auf den Blumenkohl verteilen.

GRATINIERTER BLUMENKOHL

1000 g frisch gekochter Blumenkohl
4 Eßl. Butter
3 Eßl. Mehl
½ l warme Milch
Salz, weißer Pfeffer,
geriebene Muskatnuß
2 Eigelb
etwa 100 g geriebener Emmentaler

1.

Blumenkohl auf einer feuerfesten Platte anrichten.
Kochen Sie zuerst die helle Grundsauce: 3 Eßlöffel Butter im Topf zerlassen. Mehl unterrühren. Durchschwitzen, aber keine Farbe annehmen lassen. Warme Milch hineinrühren. 5 Minuten unter Rühren durchkochen. Abschmecken.

2.

Topf vom Herd nehmen. Das Eigelb hineinrühren. Sauce über den Blumenkohl gießen.

3.

Geriebenen Käse draufstreuen. 1 Eßlöffel zerlassene Butter darauf verteilen. Im vorgeheizten Backofen 10–15 Minuten bei 275 Grad (Gasherd: Stufe 7) überbacken. Dazu in heißer Butter erhitzten geräucherten Schinken servieren.

Zwei Champignonsalate.

CHAMPIGNONS À LA GRECQUE

Nach unserem Geschmack eine besonders gute Art, Champignons zuzubereiten. Das Gericht hält sich sehr gut einige Tage im Kühlschrank. Der Champignonsalat muß aber frisch serviert werden.

Pilze dürfen übrigens nicht zu lange garen. Höchstens 10 Minuten reichen meistens aus. So macht man's auch in Griechenland, woher dieses Rezept stammt.

FÜR 4 PERSONEN

250 g Champignons
2 Eßl. Olivenöl
10 Eßl. trockener Weißwein
8 Eßl. Wasser
1 Eßl. ganzer Koriander
1 gehäufter Eßl. Tomatenmark
einige Tropfen Zitronensaft
1 Teel. Arrowroot oder Speisestärke
Salz, Pfeffer; franz. Dressing

1.

Champignons putzen. Wein, Wasser, Koriander, Tomatenmark und Zitronensaft aufkochen. Champignons darin 5–7 Minuten kochen lassen.

2.

Champignons in eine Schüssel umfüllen.

3.

Arrowroot oder Speisestärke mit etwas Wasser anrühren. Champignonflüssigkeit damit binden. Mit Salz, Pfeffer und Zitronensaft abschmecken.

4.

Sauce über die Champignons gießen und abkühlen lassen. Nach Geschmack mit französischem Dressing (siehe S. 15) beträufeln.

CATTELINS CHAMPIGNONSALAT

Der Salat ist schnell und einfach zuzubereiten. Ein Appetitanreger für alle, die sich auf einen delikaten Hauptgang einstimmen wollen. Bei unseren Gästen hat der Salat viele Freunde. Deshalb steht er natürlich immer auf unserer Tageskarte. Achten Sie bitte darauf, nur Champignons von bester Qualität zu kaufen. Sie müssen tagesfrisch, also weiß und fest sein.

FÜR 4 PERSONEN

300 g Champignons
1 Knoblauchzehe
Dressing (siehe S. 15)

1.

Champignons waschen und trocknen. In hauchdünne Scheiben schneiden.

2.

Knoblauchzehe schälen und zerdrücken.

3.

Champignonscheiben und Knoblauch mischen. Dressing nach Geschmack unterheben. Wichtig: Champignonsalat immer sofort servieren. Bei langem Stehen würden die Pilze grau und können auch verderben.

Lachs-Crêpe.

Dieses Gericht ist mit dem Namen des bekannten schwedischen Kochs Julius Carlsson verbunden. Wo er arbeitete, stand es häufig auf der Speisekarte. Man kann diese exzellente Speise – bis auf's Gratinieren – vorbereiten und überbacken, wenn die Gäste kommen. Wenn Sie im Grill gratinieren wollen, dann schieben Sie die Crêpes unten ein. Nur so kann die Hitze sie durchdringen.

FÜR 4 PERSONEN

Für den Pfannkuchenteig:
150 g Mehl, 2 Eier
¼ l Milch, Salz
1 Eßl. zerlassene Butter
Butter zum Braten

Für die Füllung:
4 Scheiben
geräucherter Lachs
2 Zwiebeln
3 hartgekochte Eier
Dill, Schnittlauch,
Petersilie, weiß. Pfeffer
200 g Sahne, 50 g Butter
1 Eßl. Mehl

Außerdem:
Fett für die Form
75 g Parmesan, 1 Eßl. Butter

1.

Den Pfannkuchenteig zubereiten. Dazu Mehl in eine Schüssel geben. Eier unterrühren.

2.

Milch nach und nach zugeben. Mit Salz abschmecken. 25 Minuten ruhen lassen. Zerlassene Butter unterrühren. In heißer Butter kleine, dünne Pfannkuchen backen.

3.

Während der Pfannkuchenteig ruht, den Lachs sehr klein würfeln. Geschälte Zwiebeln und geschälte Eier hacken. Dill, Schnittlauch und Petersilie ebenfalls hacken.

4.

Gehackte Zwiebeln in der Butter anbraten. Mehl draufstäuben. Warme Sahne zugießen, unter Rühren kurz aufkochen. Lachs und kleingehackte Eier zufügen. Abschmecken.

5.

Ragout auf die Pfannkuchen verteilen. Pfannkuchen aufrollen. In eine gefettete feuerfeste Form legen. Mit geriebenem Parmesankäse bestreuen. Geschmolzene Butter draufträufeln. Form bei 275 Grad (Gas: Stufe 7) etwa 10 Minuten gratinieren.

Steinbuttpastete.

Eine vorzügliche, feine Vorspeise, für deren Zubereitung Sie etwas Zeit mitbringen müssen. Besonders wichtig ist es, einen Teil der Zutaten bei der Verarbeitung kalt zu halten, damit die Pastete nicht gerinnt und damit körnig wird. Am besten stellen Sie das Gefäß, in dem Sie den Teig zubereiten, auf Eis. Fisch, Eier und Sahne bis zum Verarbeiten im Kühlschrank aufbewahren.

FÜR 10–12 PERSONEN

Für den Pastetenteig:
60 g Mehl
50 g Butter
2 Eigelb
8 Eßl. Milch (100 g)

Außerdem:
1 Eßl. Weißwein
Saft einer halben Zitrone
ca. 200 g Steinbuttfilet
700 g Hechtfilet, Salz
3 Eiweiß
250 g Crème fraîche
oder saure Sahne
1 gestrichener Eßl. eingelegter Estragon
2 Eßl. gehackte Petersilie
2 Eßl. gehackter Dill
etwas geriebene Muskatnuß
Butter zum Einfetten

Für die Sauce:
300 g Mayonnaise
150 g saure Sahne oder Crème fraîche
3 Tomaten (geschält und in kleine Würfel geschnitten)
200 g frische Gurke (geschält und in kleine Würfel geschnitten)
1 Messerspitze Cayennepfeffer

1.

Für den Pastetenteig das Mehl in eine Schüssel geben. Butter in einem Topf zerlassen. Unter's Mehl mischen. Eigelb unterrühren. Milch aufkochen. Zugießen. Teig heftig schlagen.

2.

Topf auf den Ofen stellen. Mischung unter Rühren aufkochen. So lange erhitzen, bis sich der Teig vom Topfboden löst. Topf mit Pergamentpapier bedecken. Teig abkühlen lassen.

3.

Wein und Zitronensaft in einem Topf erhitzen und auf die Hälfte einkochen lassen.

4.

Hechtfilet zweimal durch den Fleischwolf (feinste Scheibe) drehen. Mit dem Pastetenteig mischen. Salzen. Eiweiß hineinrühren.

5.

Kalte Crème fraîche oder saure Sahne unter den Teig rühren. Mischung gut durcharbeiten, so daß sie geschmeidig wird. Zuletzt Estragon, Petersilie und den Dill unterrühren. Mit Muskatnuß abschmecken.

6.

Eine längliche feuerfeste Form von 1½ l Fassungsvermögen mit Butter einfetten. Zur Hälfte mit der Pastetenmasse füllen. Darauf die Steinbuttfilets legen, mit der restlichen Pastetenmasse bedecken.

7.

Pergamentpapier oder Alufolie auf einer Seite mit Butter bestreichen. Form damit schließen. Form ins Wasserbad stellen. Im auf 175 Grad (Gas: Stufe 2) vorgeheizten Ofen – mittlere Schiene – 2 bis 2½ Stunden garen. Auskühlen lassen.

8.

Die Sauce aus den angegebenen Zutaten rühren. Gekühlt zur Steinbuttmasse servieren.

Kalbshirn auf zwei Arten.

Dieses Rezept sollten Sie unbedingt ausprobieren. Wir haben es von Monsieur Cattelin geerbt und finden es großartig. Das Kalbshirn sollten Sie beim Fleischer vorbestellen, weil es nicht immer vorrätig ist. Das Hirn darf vom Metzger auf keinen Fall verletzt werden, es muß als Ganzes herausgenommen werden.

Wir haben festgestellt, daß häufig Kalbshirn mit Kalbsbries verwechselt wird. Sie haben jedoch gar nichts miteinander zu tun. Das Bries sitzt im Hals. Übrigens kann man dieses Gericht auch mit Lammhirn gut zubereiten.

FÜR 4 PERSONEN

500 g Kalbshirn
1 Zwiebel, 1 l Wasser
8 Eßl. weißer Weinessig
2 Eßl. Salz
weißer Pfeffer
Butter zum Einfetten

1.

Das Hirn sorgfältig säubern. Von Häutchen und Äderchen befreien. Einige Stunden wässern.

2.

Zwiebel schälen und in grobe Stücke schneiden. Wasser in einem niedrigen Kochtopf aufkochen. Zwiebel, Weinessig, Salz und Pfeffer zugeben.

3.

Kalbshirn hineinlegen. Mit eingefettetem Pergamentpapier bedecken. Aufkochen und 10 Minuten ziehen lassen.

KALBSHIRN »BEURRE NOIRE«

Zutaten:
1 Röhrchen Kapern
4 Eßl. Butter

1.

Kapern abtropfen lassen. Butter in der Pfanne bräunen. Kapern darin kurz anbraten. Auf das heiße Kalbshirn gießen und sofort servieren.

2.

Oder: Das kalte Kalbshirn in Scheiben schneiden, in Mehl wenden und in erhitzter Butter auf beiden Seiten braten. Abgetropfte Kapern mitbraten und zusammen servieren.

KALBSHIRN MIT MAYONNAISE

Zutaten:
Mayonnaise (Rezept S. 38)
1 Eßl. gehackte Petersilie
1 Eßl. Schnittlauchröllchen
1 Eßl. gehackter Dill
1 Knoblauchzehe

1.

Kalbshirn kalt mit Mayonnaise servieren, die Sie mit etwas Wasser verdünnen können. Petersilie, Schnittlauch, Dill und ausgepreßte Knoblauchzehe in die Mayonnaise rühren.

Französische Landpastete.

FRANZÖSISCHE LANDPASTETE

In Frankreich gehört dieses Rezept zu den alltäglichsten Gerichten – eine Gewohnheit, die wir übernehmen sollten. Die Pastete hält sich im Kühlschrank mindestens eine Woche lang. Ein Vorrat kann also nur gut sein. Als Beilage empfiehlt sich Tomatensalat und als Sauce die französische Aioli, eine mit reichlich Knoblauch gewürzte Mayonnaise.

FÜR 10 PERSONEN

500 g mageres Schweinefleisch
200 g gesalzener fetter Speck
200 g Geflügelleber
(evtl. Schweineleber)
20 Möhren
20 g Knollensellerie
30 g Zwiebel
10 Eßl. trockener Weißwein
Thymian, weißer Pfeffer,
Lorbeerblatt, 2 Eßl. Öl, Epice
10 Eßl. Madeira
2 Eßl. Kartoffelmehl
3 Eier, Salz
4 Knoblauchzehen
Butter zum Einfetten

1.

Fleisch, Speck, Leber und geputztes Gemüse würfeln. In eine Schüssel geben. Pfeffer, Thymian, Lorbeerblatt und Wein zugeben. Mischen. Zugedeckt über Nacht im Kühlschrank stehen lassen (marinieren).

2.

Am nächsten Tag Fleisch und Gemüse abtropfen lassen. Marinade durchsieben. Fleisch und Gemüse im Öl 10 Minuten anbraten.

3.

Fleisch und Gemüse durch den Fleischwolf (grobe Scheibe) drehen, Speck durch die feine Scheibe drehen. Die genannten Zutaten miteinander mischen.

4.

Marinade, Madeira, Epice, Kartoffelmehl, Eier und evtl. etwas Salz zum Fleischteig geben. Außerdem die geschälten, zerdrückten Knoblauchzehen.

5.

Teig in eine gut gebutterte Form füllen. Mit eingefettetem Pergamentpapier zudecken. Form mit Alufolie schließen. Im Wasserbad in den vorgeheizten Ofen – mittlere Schiene – stellen. 2½ Stunden bei 175 Grad (Gas: Stufe 2) garen.

Blinis.

Blinis nennen die Russen ihre kleinen Pfannkuchen aus Buchweizenmehl, die man bei uns als Vorspeise serviert. Mehr als 15 cm Durchmesser sollten Blinis nicht haben. Verwenden Sie deshalb eine kleine Pfanne zum Braten.

Man kann zu Blinis einfach nur saure Sahne servieren. An besonderen Festtagen sollten Sie roten oder sogar schwarzen Kaviar dazu reichen. Beim Zubereiten bitte einkalkulieren, daß der Teig ein paar Stunden aufgehen muß, bevor man die Blinis braten kann.

FÜR 4–6 PERSONEN

Gut ⅛ l Milch
15 g Hefe
100 g Buchweizenmehl
50 g Mehl
15 g Hefe
8 Eßl. Bier
1 Eigelb, Salz, 1 Eiweiß, Öl

1.

Milch erwärmen, bis sie lauwarm ist. Hefe darin auflösen.

2.

Buchweizenmehl, Mehl, Bier und Eigelb hineinrühren. Teig einige Stunden zugedeckt aufgehen lassen. Salzen.

3.

Eiweiß steif schlagen. Löcher unter den Teig heben. Die Pfannkuchen in Öl oder Butter braten und sofort servieren.

Schnecken Bourguignonne.

Monsieur Cattelin war es, der das Schnekkenessen in Schweden populär machte. Seit seiner Zeit sind diese kleinen Delikatessen immer auf der Tageskarte. Dabei handelt es sich um die gewöhnlichen Weinbergschnekken, die in allen Gärten und Grünanlagen zu finden sind. Es gibt sogar viele Privatpersonen, die uns mit lebenden Schnecken versorgen.

Natürlich ist die Zubereitung etwas umständlich, aber nicht sonderlich schwierig. Wer gelernt hat, diese Delikatesse zu schätzen, sollte sich selbst auch die Zeit nehmen, sie selbst vor- und zuzubereiten.

FÜR 4 PERSONEN

48 lebende Schnecken, Salz, Essig
2 Knoblauchzehen
½ Zwiebel
10 Eßl. Weißwein

Bouquet garni:
1 Teel. Thymian
½ Lorbeerblatt
weißer Pfeffer
Lauch

Für die Schneckenbutter:
250 g Butter
1 Schalotte
1 Eßl. gehackte Petersilie
2 Knoblauchzehen
Salz, weißer Pfeffer

Außerdem:
grob gemahlenes Salz

1.

Die Schnecken zwei Tage hungern lassen. Danach sauber spülen.

2.

Eine Salzlösung aus Wasser, etwas Salz und etwas Essig mischen. Die Schnecken eine Stunde darin liegen lassen, damit sich der Schleim ablöst.

3.

Schnecken unter kaltem Wasser spülen. In kochendes, leicht gesalzenes Wasser geben. 4–5 Minuten kochen lassen. Wenn sie hochsteigen, sind sie fertig und werden herausgenommen. Das Wasser weggießen.

4.

Die Schnecken aus den Schneckenhäusern nehmen. Das geht mit einem spitzen scharfen Gegenstand, besser noch mit Schneckengabeln.

5.

Schnecken von den Därmen befreien und putzen. Wieder kalt spülen.

6.

Schnecken zusammen mit den geschälten Knoblauchzehen, der halben Zwiebel und dem Bouquet garni in einen Kochtopf legen. Wein zugießen. Mit Wasser auffüllen bis die Schnecken bedeckt sind. Aufkochen lassen.

7.

Gefettetes Pergament darüberlegen und Topf zudecken. Bei schwacher Hitze die Schnekken etwa 4 Stunden sieden.

8.

Schnecken in ihrer Brühe abkühlen lassen. Die Brühe muß die Schnecken gerade bedecken. Mit Salz abschmecken.

9.

Jetzt sind die Schneckenhäuser dran: Säubern, spülen, waschen und auskochen. Solange die Schalen ganz sind, kann man sie immer wieder benutzen.

10.

Für die Schneckenbutter: Die Butter verrühren. Geschälte, gehackte Schalotte, gehackte Petersilie und geschälte, zerdrückte Knoblauchzehen untermischen. Mit Salz und weißem Pfeffer abschmecken.

11.

Etwas Butter in die Schneckenhäuschen füllen. Je eine Schnecke hineingeben und das Schneckenhäuschen mit Butter zustreichen.

12.

Feuerfeste Form mit grob gemahlenem Salz füllen. Im vorgeheizten Ofen (mittlere Schiene) 10 Minuten bei 225 Grad (Gas: Stufe 4) erhitzen, bis die Butter brutzelt. Französisches Weißbrot dazu servieren.

Gratinierte Gnocchi.

Dieses italienische Gericht sollten Sie unbedingt ausprobieren, weil es so gut schmeckt und auch leicht nachzukochen ist. Nur bei der Sauce müssen Sie aufpassen. Die Milch muß man nach und nach zugießen, damit keine Klümpchen entstehen. Sie würden das Gericht verderben. Die Sauce muß samtig-geschmeidig sein. Das ist wichtig für den milden Geschmack dieses Gerichts.

FÜR 4 PERSONEN

Für den Teig:
- ½ l Wasser
- 200 g Butter
- 1 gestrichener Eßl. Salz
- 300 g Mehl
- 6 Eier

Für die Sauce:
- ½ l Milch
- 30 g Mehl
- 30 g Butter
- 2 Eigelb, Salz, weißer Pfeffer, etwas gemahlene Muskatnuß
- 4 Eßl. geriebener Parmesankäse
- 1 Eßl. zerlassene Butter

1.

Beginnen Sie mit dem Teig: Butter in einem Topf aufkochen. Salz zugeben. Mehl auf einmal hineinschütten. So lange rühren, bis sich der Teig vom Topfboden löst.

2.

Topf vom Herd nehmen. Eier – eins nach dem anderen – hineinrühren.

3.

Mit einem Eßlöffel Gnocchi (eiförmige Teigstücke) abstechen. In kochendes gesalzenes Wasser geben. Hitze reduzieren. Gnocchi einige Minuten ziehen lassen. Mit dem Schaumlöffel aus dem Wasser heben. In eine gefettete feuerfeste Form legen.

4.

Es folgt nun die Sauce:
Die Milch in einem Topf aufkochen. In einem anderen die Butter erhitzen. Mehl hineinrühren. Milch nach und nach zur Mehlschwitze geben. Sauce bei geringer Hitze unter Rühren 5 Minuten kochen.

5.

Topf vom Herd nehmen. Eigelb unterschlagen. Mit Salz, Pfeffer und etwas Muskatnuß abschmecken.

6.

Sauce auf die Gnocchi gießen. Geriebenen Parmesan darauf verteilen. Zerlassene Butter drauftraufeln. Im vorgeheizten Ofen auf der obersten Schiene 10 Minuten überbacken. Elektroherd: 225 Grad. (Gasherd: Stufe 4.)

Gravad Strömling.

Monsieur Cattelin hat dieses Gericht erfunden, das nunmehr seit 50 Jahren bei uns serviert wird und jeden Tag auf der Speisekarte steht. Er hat unserem zarten schwedischen Strömling (Ostseehering) durch Knoblauch und Mayonnaise die französische Note gegeben. Gravad (oder gebeizter) Strömling wird 24 Stunden gebeizt. Denken Sie daran, daß die Vorbereitungsarbeiten schon am Tag vorher beginnen.

FÜR 4 PERSONEN

20 frische, mittelgroße Strömlinge

Für den Essigsud:
12 Eßl. Weinessig (10%)
¼ l Wasser
2 gestrichene Teel. Salz
etwas gemahlener weißer Pfeffer

Mayonnaise (siehe S. 38)
1 Bund Dill
1 Bund Petersilie
1 Bund Schnittlauch
1 Knoblauchzehe

1.

Strömlinge ausnehmen und säubern. Häuten, Filets von den Gräten lösen.

2.

Zutaten für den Essigsud mischen.

3.

Filets in den Sud legen. Über Nacht zugedeckt im Kühlschrank marinieren.

4.

Die Mayonnaise mit wenig Wasser verrühren, damit sie etwas sämig wird.

5.

Dill, Petersilie und Schnittlauch waschen und sehr fein hacken. Kräuter mit der Mayonnaise mischen. Zerdrückte Knoblauchzehe zugeben.

6.

Die Strömlinge abtropfen lassen. Kurz vorm Servieren mit der Sauce mischen.

7.

Damit Sie sicher sind, daß die Strömlinge lange genug im Sud gelegen haben, brechen Sie einen durch. Ist er durch und durch weiß und fest, kann er verzehrt werden. Ist er das nicht, dann müssen die Strömlinge etwas länger im Sud bleiben.

Suppen und Salate.

Champignoncreme-Suppe.

Für alle unsere gebundenen Suppen brauchen Sie als Grundlage eine Suppenvelouté. Für diese international gebräuchliche Mischung aus heller Mehlschwitze, die mit Fleisch-, Fisch- oder Gemüsebrühe aufgegossen wird, geben wir Ihnen zunächst das Grundrezept. Die Weiterverwendung ist einfach. Wenn man gern eine Spargelsuppe haben will, fügt man einfach gekochten Spargel hinzu, bei Selleriesuppe gekochten Stangen- oder Knollensellerie.

SUPPENVELOUTÉ

1 kleine Zwiebel
1 Stück Knollensellerie
(etwa 100 g)
1 kleine Stange Lauch
2 Eßl. Butter
4 Eßl. Mehl
gut ½ l helle Fleischbrühe

1.

Zwiebel und Sellerieknolle schälen, Lauch putzen. Sellerie und Lauch waschen. Gemüse grob zerkleinern.

2.

Butter in einem Topf erhitzen. Abgetropftes Gemüse darin andünsten, aber nicht braun werden lassen.

3.

Mehl darüber stäuben. Unter Rühren die Fleischbrühe angießen. In etwa 30 Minuten garkochen.

4.

Velouté durch ein Sieb passieren.

CHAMPIGNONCREME-SUPPE — FÜR 4 PERSONEN

200 g Champignons
2 Eßl. Butter
¾ l Suppenvelouté
1 Eßl. kalte Butter
6 Eßl. Sahne
Salz, weißer Pfeffer

1.

Champignons putzen, waschen und in der Küchenmaschine fein mahlen. Butter in einem Kochtopf aufschäumen lassen. Champignonmasse zugeben. Nochmals aufschäumen lassen, damit sich das Champignonaroma intensiviert.

2.

Champignonmasse etwas einkochen lassen. Velouté dazugießen. 15 Minuten kochen lassen.

3.

Kalte Butter hineinrühren. Sahne zugießen. Mit Salz und Pfeffer abschmecken. Suppe heiß servieren.

4.

Die Suppe nicht einkochen. Sonst wird sie dick und breiig und verliert ihren Champignongeschmack.

Salat des Königs.

Oft hatten wir die Ehre und das Vergnügen, unseren alten König Gustav VI. zu bedienen. Bei Anlässen privater und offizieller Art haben wir nur Menüs mit Speisen zubereitet, die dem König schmeckten. Denn wir kannten seinen Geschmack. Knoblauch z.B. mochte er nicht. Deshalb wurde der »Salat des Königs« natürlich ohne Knoblauch zubereitet.

FÜR 4 PERSONEN

150 g Seezungen- oder Zanderfilet
1 Teel. Zitronensaft, Salz
150 g gekochtes Hummer- oder Langustenfleisch
100 g Champignons
300 g frisch gekochte Shrimps
2 Tomaten
250 g frisch gekochter Spargel
Dill
französisches Dressing (siehe S. 15)
etwas Eisbergsalat

1.

Fisch abspülen. Mit Zitronensaft beträufeln. In wenig leicht gesalzenes kochendes Wasser geben. Hitze sofort reduzieren. Fisch in 5 Minuten garziehen lassen. Er darf nie sprudelnd kochen, sonst zerfällt er. Abgetropft in mundgerechte Stücke schneiden.

2.

Hummer- oder Langustenfleisch auch in Stücke schneiden.

3.

Champignons putzen. In zarte Scheiben schneiden. Mit den Shrimps unter die Fisch- und Hummerstücke mischen.

4.

Tomaten kurz in kochendes Wasser tauchen. mit kaltem Wasser abschrecken. Häuten, in Streifen schneiden und dabei entkernen.

5.

Spargel in 1 cm lange Stücke schneiden. Dill waschen und grob zerkleinern.

6.

Ein französisches Dressing zubereiten. Salatzutaten locker unterheben.

7.

Salatplatte mit Eisbergsalat-Streifen auslegen. Salat darauf anrichten.

Bücklingssalat.

Ein Salat, den wir in Schweden gern als Sommergericht servieren. In einer Zeit, wo die frisch geräucherten Bücklinge mit dem zarten Fleisch am Markt sind. Die Bücklinge müssen von bester Qualität sein. Ihre Frische ist die beste Garantie dafür, daß dieser Salat gelingt.

FÜR 4 PERSONEN

300 g Kartoffeln
französisches Dressing
(Rezept siehe S. 15)
8 Bücklinge
150 g Essiggurken, 1 Zwiebel
1 Bund Schnittlauch
1 Kopfsalat
2 hartgekochte Eier

1.

Kartoffeln waschen. In der Schale vom Kochen an in 30 Minuten garen. Schälen und abkühlen lassen.

2.

Das Dressing zubereiten (siehe S. 15).

3.

Die Bücklinge häuten. Filets von den Gräten lösen und in kleine Stücke schneiden.

4.

Kartoffeln und Gurken klein würfeln.

5.

Zwiebel schälen, Schnittlauch waschen und im Küchenhandtuch trockenschwenken. Zwiebel hacken, Schnittlauch schneiden.

6.

Alle Zutaten mit dem Dressing mischen.

7.

Kopfsalat putzen, waschen, trockenschwenken und in Streifen schneiden. Salatplatte damit auslegen. Den Salat anrichten und mit geviertelten Eiern garnieren.

Zwiebelsuppe überbacken.

Jedes Restaurant, dessen Küche von der berühmten französischen Küche inspiriert ist, muß die Zwiebelsuppe einfach auf seiner Karte haben. Bei uns wird sie täglich angeboten. Wir haben lange gebraucht, dahinter zu kommen, wie die Franzosen es machen, daß der Käse auf ihrer Suppe so zart zerläuft. Bis wir herausfanden, daß es an der Käsesorte lag. Mit einfachem Tilsiter Käse gelang uns der gleiche Effekt. Und dabei sind wir seitdem geblieben. Bitte achten Sie noch darauf, daß die Brotscheiben kräftig geröstet sind, damit sie sich nicht zu schnell voll Flüssigkeit saugen.

FÜR 4 PERSONEN

200 g Zwiebeln
30 g Butter
1 l Bouillon
½ Teel. Thymian
Salz, weißer Pfeffer
4 dünne Scheiben Weißbrot, im Backofen geröstet
4 Scheiben Tilsiter Käse (mindestens 4 mm dick)

1.

Zwiebeln schälen und in Scheiben schneiden.

2.

Kochtopf mit dickem Boden erhitzen. Butter hineingeben. Zwiebelscheiben darin leicht anbräunen.

3.

Bouillon zugießen. Mit Thymian, Salz und frischgemahlenem weißen Pfeffer würzen. Suppe aufkochen, 15 Minuten ziehen lassen.

4.

Warme Suppe in 4 feuerfeste Suppentassen verteilen. Geröstetes Brot darauflegen. Mit den Käsescheiben belegen, die die Oberfläche der Tassen bedecken sollen.

5.

Tassen in den vorgeheizten Backofen auf die oberste Leiste stellen, Suppe etwa 10 Minuten überbacken. Elektroherd: 225 Grad (Gasherd: Stufe 4). Übrigens: Einige unserer Köche würzen die Suppe gern mit etwas Weißwein. Wir finden sie besser ohne den Wein. Vielleicht probieren Sie mal aus, was Ihnen besser schmeckt?

Indische Hühnersuppe.

Zwar brauchen Sie für diese Suppe nur einen Teil des Hühnerfleischs, aber das ganze Huhn, damit Sie eine gute Bouillon kochen können. Übriggebliebenes Fleisch einfach zu einem Frikassée verarbeiten. Und bitte kein Hähnchen verwenden. Es liefert nur eine magere Geflügelbrühe.

FÜR 4 PERSONEN

1 küchenfertiges Suppenhuhn
von 1250 g, 1 Möhre
1 Stück Knollensellerie
(etwa 150 g)
ein paar Pfefferkörner
etwas Thymian
1 Lorbeerblatt, 1 Zwiebel
1 Apfel
100 g Reis, Salz
4 Eßl. Butter, 4 Eßl. Mehl
1 Eßl. Curry
1 Teel. Tomatenmark
1 Eßl. kalte Butter, 4 Eßl. Sahne

1.

Huhn waschen und in einen Kochtopf legen. Mit kaltem Wasser auffüllen, so daß es bedeckt ist. Aufkochen und abschäumen.

2.

Möhre und Sellerie schälen. Grob zerkleinert mit Pfefferkörnern, Thymian und Lorbeerblatt zum Huhn geben. Bei geringer Hitze kochen lassen.

3.

Zwiebel schälen und würfeln, Apfel waschen, abtrocknen, vierteln, entkernen und würfeln. Apfelschale, Kerngehäuse und Zwiebelreste in den Suppentopf. Zwiebel- und Apfelwürfel beiseite stellen.

4.

Huhn 2–2½ Stunden kochen. Aus dem Topf nehmen und zum Abkühlen unter ein feuchtes Tuch legen.

5.

Bouillon durch ein feinmaschiges Sieb in einen anderen Topf gießen.

6.

Reis in viel gesalzenem Wasser 15 Minuten kochen.

7.

Butter in einem Topf erhitzen. Zwiebel- und Apfelstücke darin unter Rühren anbraten. Mit Mehl und Curry bestäuben. Tomatenmark zugeben. Etwa 1½ l heiße Bouillon unter Rühren zugießen und 10 Minuten kochen lassen.

8.

Huhn häuten. Fleisch von den Knochen lösen und in kleine Stücke schneiden. Soviel Fleisch, wie Sie mögen, in die Suppe geben. Wir nehmen etwa eine Kaffeetasse voll. Fleisch in der Suppe erhitzen und den abgetropften Reis zugeben.

9.

Kalte Butter unterrühren, Sahne zugießen. Suppe mit Salz abschmecken.

Krabbensalat.

Ein Salat für sommerliche Tage, den Sie leicht zubereiten können. Mit einem milden Käse, wie zum Beispiel Edamer oder Schweizer Emmentaler schmeckt er am besten.

FÜR 4 PERSONEN

100 g Stangensellerie
50 g Käse
300 g Krabbenfleisch
2 Eßl. Dill
100 g Champignons
100 g Eisbergsalat
1 Bund Radieschen
franz. Dressing (Rezept s. S. 15)

1.

Stangensellerie putzen, waschen, in Scheiben schneiden. 5 Minuten in kochendem Wasser blanchieren. Auskühlen lassen.

2.

Käse in feine Streifen schneiden. Mit dem Stangensellerie und dem Krabbenfleisch mischen. Dill waschen, abtropfen lassen und hacken. Zugeben.

3.

Champignons putzen, waschen, in feine Scheiben schneiden. Eisbergsalat putzen, waschen, abtropfen lassen und kleinschneiden. Geputzte Radieschen in feine Scheiben schneiden.
Schüssel mit dem Eisbergsalat auslegen. Dressing mischen. Alle übrigen Zutaten lokker unterheben. Auf dem Salat anrichten.

Schinkensalat mit Ei.

Auch dieser Salat ist ein echtes, erfrischendes Sommergericht. Er ähnelt dem klassischen Salat Italienne. Aber da eigentlich Zunge dazugehört und dies heutzutage sehr teuer ist, haben wir ihn etwas verändert, und schaffen es auch ohne Zunge. Er sollte nur leicht gebunden sein. Deshalb geben Sie nur soviel Mayonnaise dazu, daß die Zutaten eben zusammenhalten. Die Eier wachsweich, also nicht ganz hart gekocht.

Noch einen Hinweis: Wenn Sie Eier schälen, tun Sie es unter dem Wasserhahn oder im Wasser, dann gehen sie nicht so leicht kaputt.

FÜR 4 PERSONEN

Etwa 100 g Mayonnaise (s. S. 38)
4 Eier, Salz
200 g gekochter Schinken
200 g Gewürzgurken
1 Apfel, 4 Eier

1.

Die Mayonnaise anrühren.
Eier in kochendem, leicht gesalzenem Wasser in 6–7 Minuten wachsweich werden lassen. Unter kaltem Wasser abschrecken und schälen.

2.

Schinken, Gewürzgurken und geschälten, entkernten Apfel in dünne Streifen schneiden. Mit soviel Mayonnaise mischen, daß sie die Mischung bindet.

3.

Salz in eine Schüssel füllen. Eier darauf anrichten.

4.

Etwas Mayonnaise mit Wasser verdünnen. Über die Eier gießen, so daß sie bedeckt sind.

Cattelins Fischsuppe.

Als wir im Jahre 1954 Cattelins Fischrestaurant mit dem Namen »Fisken« (Der Fisch) eröffneten, brauchten wir für die Tageskarte eine gute Fischsuppe. Bei unserer stand natürlich die »Bouillabaisse« Pate. Wir fanden eine etwas vereinfachte Variante, die auch ein echtes Hauptgericht sein kann.

FÜR 4 PERSONEN

2 Stangen Lauch
1 kleine Fenchelknolle
4 Eßl. Öl, 2 Knoblauchzehen
1 Messerspitze gemahl. Safran
20 Eßl. trockener Weißwein
1¼ l Fischbouillon
(selbstgekocht oder aus Würfeln)
1–2 Eßl. Speisestärke
oder Kartoffelmehl
600 g Schellfischfilet
4 Tomaten
evtl. 150 g Krabbenfleisch
und (oder) gekochte Muscheln
Salz, weißer Pfeffer
2 Eßl. gehackte Petersilie

1.

Lauch und Fenchel putzen und waschen. Vom Lauch nur das Weiße verwenden. Beides kleinschneiden.

2.

Öl im Topf erhitzen. Geschälten, zerdrückten Knoblauch, Lauch und Fenchel darin in etwa 10 Minuten garen. Safran zugeben.

3.

Wein und Fischbouillon zugießen. Noch 15 Minuten kochen.

4.

Speisestärke oder Kartoffelmehl mit Wasser anrühren. Suppe damit binden. Sie soll leicht dickflüssig sein.

5.

Fisch abspülen und in ca. 3 cm lange fingerdicke Stücke schneiden. Tomaten mit kochend heißem Wasser begießen, mit kaltem abschrecken, häuten, in Streifen schneiden und dabei entkernen.

6.

Fischstücke und Tomatenstreifen in die Suppe geben. 10 Minuten ziehen lassen. Nach Geschmack Krabbenfleisch und (oder) Muscheln zugeben.

7.

Mit Salz und Pfeffer abschmecken. Petersilie drüberstreuen.

8.

Die Suppe hat einen kräftigen Fischgeschmack und den besonderen Duft, wie ihn typische Gerichte der französischen Mittelmeerküche durch die Verbindung von Safran, Knoblauch und Wein haben.

Suppe Bonne Femme.

Ein Original-Import aus der französischen Landesküche, der sehr zu empfehlen ist. Diese Suppe kann als Hauptgericht serviert werden. In Schweden wurde sie sehr populär, als sie der Fernsehkoch Harry Uhr vor einigen Jahren vorkochte.

FÜR 6 PERSONEN

250 g magerer, leicht gesalzener Speck ohne Schwarte
6 Zwiebeln
3 mittelgroße Stangen Lauch (ca. 275 g, wenn das Dunkelgrüne weggeschnitten ist)
7–8 mittelgroße Kartoffeln
2 Eßl. Butter, etwas Thymian
2 l Wasser, Salz
frisch gemahlener weißer Pfeffer
1 Bund Petersilie

1.

Speck in feine Streifen schneiden.

2.

Zwiebeln schälen, Lauch putzen und die dunkelgrünen Blätter wegschneiden. Waschen und in Stücke schneiden. Kartoffeln schälen, waschen und zweimal der Länge nach halbieren, so daß Sie 4 Stücke bekommen, die Sie dann in ziemlich dünne Scheiben schneiden.

3.

Butter in einem Kochtopf von 2½ l Fassungsvermögen erhitzen. Speck darin glasig, aber nicht braun werden lassen.

4.

Zwiebeln und Lauch zugeben. Etwa 5 Minuten brutzeln lassen.

5.

Thymian drüber streuen. Wasser zugießen, aufkochen und 5 Minuten ziehen lassen. Kartoffeln in den Topf geben. 20 Minuten bei geringer Hitze kochen.

6.

Salzen. Mit frisch gemahlenem Pfeffer würzen. Petersilie waschen, hacken und kurz vorm Servieren in die Suppe mischen. In Butter gebratene Brotwürfel oder mit Käse belegtes Brot passen gut dazu.

Drei Suppen.

TOMATENSUPPE

Unsere Tomatensuppe soll einen milden, feinen Geschmack haben. Deshalb verwenden wir auch keine frischen Tomaten, sondern Tomatenmark. Das Stückchen Sellerie rundet den Geschmack ab. Wollen Sie die Suppe noch etwas garnieren, dann schneiden Sie einfach mehr Sellerie in dünne Streifen, dünsten ihn in etwas Butter weich und gießen so viel Wasser darüber, daß die Streifen eben bedeckt sind. Etwa 10 Minuten ziehen lassen. Abgetropft in die Suppe mischen.

FÜR 4 PERSONEN

1½ l Bouillon aus Würfeln
1 Zwiebel, 1 Stange Lauch
1 Stück Knollensellerie, ca. 75 g
3 Eßl. Butter, 4 Eßl. Mehl
2 Eßl. Tomatenmark
4 Eßl. Sahne, Salz

1.

Bouillon aus Brühwürfeln zubereiten.

2.

Zwiebel schälen, Lauch putzen und waschen. Sellerie schälen. Zwiebel und Lauch in Scheiben, Sellerie in Würfel schneiden.

3.

Gemüse in 2 Eßl. heißer Butter 5 Minuten dünsten. Mehl draufstäuben.

4.

Tomatenmark unterrühren. Warme Bouillon nach und nach unter Rühren zugießen. 20 Minuten bei geringer Hitze kochen lassen.

5.

Suppe durch ein feines Sieb passieren.

6.

Restliche Butter hineinrühren. Sahne unterheben. Mit Salz abschmecken. Heiß servieren.

BRENNESSELSUPPE

Eine fein schmeckende Suppe, die man nur im Frühsommer zubereiten kann, weil es nur dann junge Brennesseln gibt. Sie werden gepflückt, wenn die Blätter noch zart und klein sind. Nutzen Sie die Zeit, denn die Blätter sind nur 2–3 Wochen jung. Wir haben einen Koch, der früher bei uns angestellt war, der uns jedes Jahr beim Pflücken hilft. – Übrigens brauchen Sie keine Angst zu haben, daß Sie Ihre Finger verbrennen. In diesem zarten Alter sind Brennesselblätter noch ungefährlich.

FÜR 4 PERSONEN

150 g Brennesseln (blanchiert gewogen)
Salz

Für die Velouté:
1 kleine Zwiebel, 1 Stange Lauch
1 Stück Knollensellerie
3 Eßl. Butter, 4 Eßl. Mehl
⅕ l Kalbsbouillon
1 Teel. Anis (gemahlen)
1 Teel. Fenchel (gemahlen)
Salz, frisch gemahlener weißer Pfeffer, 1 Eßl. kalte Butter

1.

Brennesseln putzen und waschen. Leicht gesalzenes Wasser aufsetzen. Brennesseln darin aufkochen (blanchieren). Kalt abspülen. Wasser herausdrücken. Brennesseln zu Bällchen geformt zugedeckt in den Kühlschrank legen.

2.

Aus Lauch, Sellerie, Butter, Mehl und Kalbsbouillon eine Suppenvelouté (Rezept siehe S. 28) zubereiten. Durch ein Sieb passieren. Mit Anis und Fenchel würzen. Brennessel so fein wie möglich mahlen oder hacken. Kurz vorm Servieren in die Suppe rühren. Aufkochen lassen. Mit Salz und Pfeffer abschmecken.

3.

Rühren Sie etwas kalte Butter in die Suppe und servieren Sie sie mit einem verlorenen Ei oder Frikadellen. So kocht man ein verlorenes Ei: Wasser mit etwas Essig und Salz aufkochen. Das Ei aufschlagen und in eine Tasse gleiten lassen. Dann ins siedende Wasser geben. Die Ränder mit einem Kochlöffel (mit Löchern) zusammendrücken. Das Ei ist nach ein paar Minuten fertig. Nehmen Sie es mit dem Kochlöffel heraus und legen es ins Eiswasser.

KARTOFFELSUPPE

Das ist zwar die einfachste und billigste Suppe. Aber sie ist so gut wie alle anderen. Die Bouillon dazu soll nicht zu kräftig sein, damit der feine Lauch- und Kartoffelgeschmack zu seinem Recht kommt. Zu einer Suppe dieser Art serviert man gerne gebratene Brotwürfel. Das klingt einfacher als es ist, deshalb beschreiben wir die Zubereitung hier: Erwärmen Sie die Pfanne und geben Sie reichlich Öl oder Butter hinein. Ein Sieb und eine Schüssel bereitstellen. Wenn die Pfanne schön heiß ist, legen Sie die Brotwürfel hinein. Rühren Sie die Brotwürfel ständig um, denn sie werden sehr schnell braun. Brotwürfel ins Sieb schütten und das Fett abtropfen lassen. Im Ofen geröstet werden die Brotwürfel zwar nicht ganz so schön, aber weniger fett.

FÜR 4 PERSONEN

3 Stangen Lauch
800 g Kartoffeln
2 Eßl. Butter
Salz, weißer Pfeffer
1 Teel. gehackter frischer oder ½ Teel. getrockneter Thymian
1½ l leichte Bouillon
Salz, weißer Pfeffer

1.

Lauch putzen, waschen und in große Streifen schneiden.

2.

Kartoffeln schälen, waschen, kleinwürfeln.

3.

1 Eßl. Butter in einem Topf erhitzen. Lauch darin andünsten. Abgetropfte Kartoffelwürfel zugeben.

4.

Thymian hineintun. Bouillon zugießen. 30 Minuten kochen lassen.

5.

Die Suppe durch ein feines Sieb passieren. Mit Salz und Pfeffer abschmecken. Restliche kalte Butter einrühren. Mit gebratenen oder gerösteten Brotwürfeln (siehe die Einleitung zu diesem Rezept) servieren.

Zwei Selleriesalate.

Für uns in Schweden ist diese Vorspeise recht ungewöhnlich, in anderen Ländern populärer. Sie erinnert ein wenig an Waldorf-Salat. Zarten Sellerie können Sie übrigens das ganze Jahr über bekommen. Und zart muß er für diesen Salat sein. Der zweite Salat wird mit selbstgemachter Mayonnaise zubereitet, zu der wir Ihnen hier das Rezept geben.

FÜR 4 PERSONEN

300 g Knollensellerie
Salz
französisches Dressing
(Rezept siehe S. 15)
etwas zerdrückten Knoblauch

1.

Sellerie schälen, waschen und in streichholzdünne Streifen schneiden. Je dünner sie sind, um so besser.

2.

Etwas leicht gesalzenes Wasser aufkochen. Den Sellerie blanchieren, d.h. nur 1 Minute aufkochen, dann abtropfen lassen.

3.

Französisches Dressing und etwas zerdrückten Knoblauch mischen. Selleriestreifen unterheben.

4.

Zu diesem Rezept gibt es eine Alternative. Bereiten Sie alles bis einschließlich Punkt 2 vor. Dann mischen sie den Sellerie mit Mayonnaise, und zwar nehmen Sie so viel, daß die Mischung eben gebunden ist.

MAYONNAISE

Bereiten Sie Ihre eigene Mayonnaise zu. Es ist ganz einfach und sie schmeckt viel besser als die gekaufte. Und billiger wird es auch. Dazu Eier und Öl zeitig aus dem Kühlschrank nehmen. Sie sollen Zimmertemperatur haben, wenn sie gemischt werden. Mayonnaise ist die Grundlage verschiedener Saucen. Darum schaffen Sie sich durch eine größere Menge gleich einen Vorrat. Selbstgemachte Mayonnaise hält sich im fest schließenden Gefäß lange Zeit im Kühlschrank.

2 Eigelb (zimmerwarm)
1 Teel. Weinessig
1 Teel. französischer Senf
Salz, weißer Pfeffer
knapp ¼ l Öl (zimmerwarm)

1.

Das Eigelb in eine Schüssel mit rundem Boden legen.

2.

Die Hälfte des Weinessigs und den Senf unterrühren. Salzen, pfeffern. Gleichmäßig rühren.

3.

Öl unter kräftigem Rühren zuerst tropfenweise mit Unterbrechungen dazugeben. Danach in gleichmäßigem Strahl unter Rühren zugeben. Es ist wichtig, daß Sie kräftig rühren. Am besten geht's mit dem Schneebesen.

4.

Zum Schluß den restlichen Weinessig zugeben. Fertig rühren, abschmecken.

5.

PS: Keine Panik, falls die Mayonnaise Klümpchen bildet. Für diesen Fall einfach noch ein Eigelb mit etwas Weinessig verrühren. Mischung nach und nach in die Mayonnaise rühren und der Schaden ist behoben.

Russische Rote-Bete-Suppe.

Diese Suppe ist in Rußland, Polen und anderen Oststaaten genau so zu Hause, wie die Minestrone in Italien. Jede Küche hat ihre Variante. Aber eines haben alle Rezepte gemeinsam: Die Rote Bete. Denn dieses gute Rübengemüse ist in Osteuropa weit verbreitet. Die Fleischzugabe kann unterschiedlich sein. In Polen war es oft üblich, die Suppe mit Ente zuzubereiten. Zur russischen Variante gehört unabdingbar saure Sahne, die man zum Schluß auf die Portion gibt.

FÜR 4 PERSONEN

400 g Rote Bete
1 Zwiebel
2 Stangen Lauch
250 g Weißkohl
2 Eßl. Butter
1 Eßl. Tomatenmark
2 l Wasser
500 g Rinderbrust
Salz
einige weiße Pfefferkörner
1 Lorbeerblatt
½ Teel. Thymian
Petersilie
100 g saure Sahne
1 Eßl. gehackte Petersilie

1.

Rote Bete schälen. Die Hälfte davon fein reiben. Zugedeckt im Kühlschrank Saft ziehen lassen.

2.

Zwiebel schälen. Lauch und Weißkohl putzen und waschen. Alles in dünne Streifen schneiden. Auch die restlichen roten Bete.
Butter im Topf erhitzen. Gemüse darin anschwitzen.

3.

Tomatenmark dazugeben. Mit dem Wasser auffüllen. Rinderbrust hineinlegen. Salzen, aufkochen und gut abschäumen.

4.

Ein großes Stück Lauchgrün mit Pfefferkörnern, Lorbeerblatt, Thymian und Petersilie füllen. Aufrollen. Zubinden. Zur Suppe geben.

5.

Etwa 60 Minuten garen. Fleisch in kräftige Streifen schneiden und wieder in die Suppe geben. Kräuterbündel herausnehmen.

6.

Saft der geriebenen Roten Bete zugeben. Soviel wie möglich auspressen. Aufkochen. Mit Salz abschmecken. Gehackte Petersilie draufstreuen. In Teller füllen und die saure Sahne darauf verteilen.

Hähnchensalat.

Dazu brauchen Sie ein frisch gebratenes Hähnchen. Das macht man so: Hähnchen in Fett auf beiden Seiten anbräunen. Dann 20 Minuten im vorgeheizten Backofen auf der mittleren Schiene bei 200 Grad (Gas: Stufe 4) braten. Wenn die heraustropfende Flüssigkeit klar ist, dann ist das Hähnchen gar. Für den Salat Hähnchen und gebratenen Speck zimmerwarm halten.

FÜR 4 PERSONEN

1 küchenfertiges Hähnchen,
Salz, weißer Pfeffer
4 Scheiben Bacon (Frühstücksspeck)
2 Tomaten, 100 g Salatgurke
100 g Stangensellerie, Eisbergsalat
franz. Dressing (Rezept s. S. 15)
Salz, Pfeffer

1.

Hähnchen innen und außen waschen und trocknen, salzen, pfeffern und wie oben beschrieben braten. Wenn Sie sich diese Mühe nicht machen wollen, können Sie auch ein fertig gegrilltes Hähnchen kaufen.

2.

Bacon in Streifen schneiden. In der trockenen Pfanne knusprig braten.

3.

Tomaten mit kochendheißem Wasser überbrühen, schälen, in Streifen schneiden und dabei entkernen. Gurke waschen, Stangensellerie und Eisbergsalat putzen und in Streifen schneiden. Stangensellerie 5 Minuten in kochendem Wasser blanchieren.

4.

Hähnchenfleisch von den Knochen lösen und in mundgerechte Stücke schneiden.

5.

Dressing rühren. Salatzutaten locker unterheben. Vorsichtig mit Salz und Pfeffer abschmecken. Knusprigen Bacon darauf verteilen.

Fisch und Krustentiere.

Strömling in Dill.

Dies ist eins unserer vielen eigenen Heringsrezepte. Es ist ein typisch schwedisches Gericht. Wie bei allen anderen muß man darauf achten, wirklich frische Heringe zu bekommen. Ein kleiner Hinweis zum Entgräten der Heringe: Schneiden Sie mit einer Schere die Ränder des Herings ab. Da befinden sich viele kleine Gräten. Der gekochte Hering ist vorzüglich.

Nicht weiniger köstlich ist es, die geputzten Heringe in Mehl zu wenden, sie zu braten und in einem Essigsud zu marinieren. Unser Tip: Etwas Semmelbrösel ins Mehl mischen. Dann wird die Heringsoberfläche knuspriger.

FÜR 4 PERSONEN

Butter zum Einfetten
12 entgrätete Ostseeheringe, so daß die Filets noch zusammenhängen
Salz, weißer Pfeffer
1 Bund Dill, kochendes Wasser
2 Eßl. Butter, 1 Eßl. Mehl

1.

Boden eines flachen Kochtopfs oder feuerfeste Form mit Butter einfetten.

2.

Klappen Sie die Heringsfilets in ihre ursprüngliche Form zusammen. Mit dem Rükken nach oben nebeneinander in die Form stellen. Salzen und pfeffern. Dicke Dillstiele drüberlegen. Kochendes Wasser draufgießen, so daß die Heringe eben bedeckt sind. Ein eingefettetes Pergamentpapier drauflegen. Bei schwacher Hitze ziehen lassen, bis die Heringe in 15–20 Minuten gar sind.

3.

Heringe auf einer vorgewärmten Platte anrichten. Butter und Mehl kneten. Unter Rühren in den Sud flocken. 5 Minuten kochen.

4.

Restlichen Dill hacken. In die Sauce geben. Abschmecken, Sauce auf die Heringe gießen. Dazu Petersilien-Salzkartoffeln reichen.

Scampi Chinoise.

Dieses Scampigericht hat seinen Namen von den verschiedenen Gemüsearten, die dazu gehören. Sie werden kleingeschnitten und nur so kurz aufgekocht, daß sie noch »Biß« haben, wie bei allen chinesischen Gerichten. Verwenden Sie ruhig das von Ihnen bevorzugte Gemüse. Denn dies ist kein chinesisches Originalrezept. Wir haben das Gericht dem europäischen Geschmack angepaßt und verwenden Gemüse, das man immer bekommen kann.

FÜR 4 PERSONEN

150 g Reis, Salz
50 g Knollensellerie
100 g Weißkohl
1 grüne Paprikaschote
1 Stange Lauch
5 Eßl. Butter oder Öl
je 1 kleine Dose Sojabohnensprossen und geschälte Tomaten
1 Teel. getrockneter Oregano
Sambal (Oelek oder Badjak)
24 geschälte Scampi
Mehl zum Wenden, 2 Eier

1.

Reis in reichlich gesalzenem Wasser 15–18 Minuten kochen. Abgetropft im Topf trocken dämpfen.

2.

Sellerie schälen, Weißkohl, Paprika und Lauch putzen. Alles waschen und in Streifen schneiden.

3.

2 Eßl. Butter oder Öl im Topf erhitzen. Gemüse darin 10 Minuten dünsten.

4.

Sojabohnen und Tomaten abgetropft zugeben. Mit Oregano und Sambal würzen. Sambal bitte vorsichtig verwenden, denn es ist sehr scharf. Mischung ziehen lassen.

5.

Gekochten Reis unters Gemüse heben.

6.

Scampi zuerst in Mehl, dann in den verquirlten Eiern wenden. In 3 Eßl. Butter oder Öl in 5 Minuten goldbraun werden lassen.

7.

Reis in eine Schüssel füllen. Scampi darauf anrichten.

Gekochter Kabeljau.

Hierzu brauchen Sie absolut frische Zutaten. Sie können Dorsch, also den jungen Kabeljau, am besten im Januar und Februar verwenden. Aber am besten nehmen Sie Kabeljau. Er ist naturgemäß größer und auch ein bißchen aromatischer. Kaufen Sie küchenfertige Koteletts, lassen Sie sich aber Leber und Rogen mitgeben. Beides brauchen Sie für unser Gericht. Damit der Rogen beim Kochen nicht platzt, wickeln Sie ihn am besten in Alufolie ein. Damit die Kabeljaukoteletts fest und gut werden, legen wir sie für kurze Zeit in eiskaltes Wasser.

FÜR 4 PERSONEN

Kabeljaurogen, Salz
Kabeljauleber
1 Eßl. Weinessig
weißer Pfeffer
4 Kabeljaukoteletts
von je 300–350 g

1.

Rogen im Topf mit leicht gesalzenem Wasser hartkochen. Leber in einem anderen Topf in gesalzenem Wasser mit Weinessig und fein gemahlenem weißen Pfeffer aufkochen. In etwa 5 Minuten garziehen lassen.

2.

Kabeljaukoteletts abspülen. In Eiswasser legen bis sie gekocht werden. Sie können Stunden im Eiswasser liegen.

3.

Gut gesalzenes Wasser aufkochen (3 Eßl. Salz auf einen Liter Wasser). Kabeljaukoteletts hineinlegen, aufkochen. Sofort die Hitze reduzieren, bei schwacher Hitze in 10–15 Minuten garziehen. Das Fischfleisch soll so weiß sein, daß es einen hauchzarten Blauschimmer hat.

4.

Mit geschmolzener Butter oder auch mit Senfsauce servieren. Dazu wird eine Béchamelsauce mit etwas Fischbouillon verrührt und kräftig mit Senf abgeschmeckt.

Scampi Orientale.

Dies wird ein Festessen und für den Koch ein Vergnügen. Denn er kann fast alles vorbereiten. Der Rest ist in ein paar Minuten gemacht.

Wichtig: Falls Sie lebende Krustentiere zubereiten wollen, kommen sie kopfüber ins sprudelnd kochende Wasser und sollen so kurz wie möglich kochen. Sonst werden sie zäh. Da lebende Scampi kaum zu bekommen sind, schlagen wir frisch gekochte vor.

FÜR 4 PERSONEN

1 Zwiebel, 1 Apfel
3 Eßl. Butter
24 Scampi
½ Teel. Curry
1 Messerspitze gemahlener Safran
1 Eßl. Tomatenmark
2 Eßl. Mehl
¼ l Crème fraîche
in Streifen geschnittener Eisbergsalat
1 Eßl. eingelegte Paprikaschoten in Streifen, Salz

1.

Zwiebel und Apfel schälen. Apfel vierteln und entkernen. Beides kleinhacken.

2.

2 Eßl. Butter in einer großen Pfanne erhitzen. Zwiebel und Apfel darin anbraten. Curry und Safran zugeben. Tomatenmark einrühren, mit Mehl überstäuben.

3.

Crème fraîche unterheben. Ein paar Minuten köcheln lassen.

4.

Gleichzeitig ein wenig in Streifen geschnittenen Eisbergsalat in der restlichen Butter dünsten. Abgetropfte Paprikastreifen darin erhitzen.

5.

Zur Scampimischung geben. Mit Salz abschmecken. Mit Pilafreis servieren.

Seezunge Pimiento.

Dieses Gericht ist dadurch entstanden, daß wir lange über eine gute Variation zur »Sole au Vin Blanc«, also der Seezunge in Weißwein, nachdachten. Wir machten Versuche mit Wermut. Und als die Sauce so schmeckte, wie wir es uns vorstellten, brauchte sie noch etwas Farbe. Dadurch kamen wir auf die Idee, eingelegte Paprikaschoten (Pimientos) zuzugeben. Größter Vorteil: sie verfeinern die Sauce. Als weißen Wermut empfehlen wir den trockenen Noilly Prat, ein französisches Erzeugnis.

FÜR 4 PERSONEN

2 Seezungen von je 600 g
1 kleine Zwiebel, weißer Pfeffer, Butter zum Einfetten
3/8 l Fischbouillon
10 Eßl. Noilly Prat (weißer Wermut)
1/4 l Crème fraîche
2 Eigelb
1 Eßl. eingelegte Paprikaschoten in Streifen
1 Teel. Zitronensaft, Salz
1 Eßl. Butter

1.

Seezungen vom Fischhändler häuten und filieren lassen. Achten Sie darauf, daß Sie Köpfe, Gräten und Haut mitbekommen.

2.

Gräten, Köpfe und Haut in einen Kochtopf legen. So viel Wasser zugießen, daß alles eben bedeckt ist. Aufkochen lassen und abschäumen. Geschälte, gehackte Zwiebel zugeben. Mit frisch gemahlenem Pfeffer würzen. Ziehen lassen, aber nicht mehr kochen.

3.

Seezungenfilets in einen mit Butter eingefetteten flachen Kochtopf legen. 3/8 l gesiebte Fischbouillon und den Wermut draufgießen. Mit Pergamentpapier zudecken. Aufkochen und bei reduzierter Hitze 6 Minuten ziehen lassen.

4.

Fisch mit dem Schaumlöffel herausnehmen. Warm stellen. Bouillon weiterkochen lassen, bis nur die Hälfte übriggeblieben ist.

5.

Crème fraîche (1 Eßl. zurücklassen) unterrühren und sämig kochen.

6.

Eigelb mit der restlichen Crème fraîche verquirlt in die Sauce rühren. Alles sieden, aber auf keinen Fall kochen lassen, sonst gerinnt die Sauce. Kleingeschnittene Paprikastreifen unterheben.

7.

Mit Salz und Zitronensaft abschmecken. Butter darin zergehen lassen. Sauce auf die angerichteten Fischfilets verteilen. Dazu Reis servieren.

8.

Wenn das Gericht fertig ist, soll es einen reinen Fischgeschmack haben. Die Sauce soll cremig sein und leicht nach Wermut schmekken. Von der Sahne kann man vielleicht einen feinen süßen Geschmack wahrnehmen.

Aal-Eintopf.

FÜR 4 PERSONEN

1 Aal von 800 g, Salz,
weißer Pfeffer
Mehl zum Wenden
½ Flasche Rotwein
1 Lorbeerblatt
1 Teel. getrockneter Thymian
1 Knoblauchzehe
100 g Champignons
4 Eßl. Butter
20 kleine Zwiebeln
1 Teel. Zucker
2 Eßl. Mehl
1 Eßl. Sojasauce

1.

Aal ausnehmen und in Stücke von 6 cm Länge schneiden.

2.

Aalstücke salzen und pfeffern, in Mehl wenden. In der heißen Pfanne braun braten. In einen Kochtopf legen (er darf nicht aus Aluminium sein).

3.

Wein draufgießen und mit Wasser auffüllen. Lorbeerblatt, Thymian und geschälte, zerdrückte Knoblauchzehe zugeben. Pfeffer aus der Mühle drübermahlen. Aufkochen lassen. Mit einem eingefetteten Pergamentpapier zudecken, 20 Minuten ziehen lassen.

4.

Champignons säubern und in 1 Eßl. Butter anbraten.

5.

Zwiebeln schälen und glasieren. Dazu Zwiebeln in einen flachen Kochtopf füllen. 1 Eßl. Butter und 1 Teel. Zucker zugeben. Mit Wasser auffüllen, bis die Zwiebeln eben bedeckt sind. Im offenen Topf kochen, bis nur noch eine sirupähnliche Flüssigkeit übrigbleibt. Den Kochtopf ab und zu schütteln, damit die Zwiebeln ihre Glasur bekommen.

6.

Fertigen Aal in eine vorgewärmte Schüssel geben. Mit dem Pergamentpapier zudecken und warmstellen.

7.

Bouillon bis auf ca. ¼ l einkochen lassen. Restliche 2 Eßl. Butter und das Mehl verkneten. Mehlbutter unter Rühren in die Sauce flokken. Falls sie noch nicht dunkel genug ist, geben Sie die Sojasauce dazu.

8.

Aal, Zwiebeln und Champignons in der Sauce aufkochen. Abschmecken und anrichten.

Wir haben den Verdacht, daß viele Leute auf Aal verzichten, weil sie glauben, ihn nicht häuten zu können. Aber das ist gar nicht so schwer. Man macht einen Rundum-Schnitt hinter dem Kopf. Dann befestigt man den Kopf zum Beispiel an einem fest sitzenden Nagel in der Küche. Zum Häuten am besten Handschuhe anziehen. Oder ein Küchentuch anfeuchten und in Salz tauchen. Das gibt Griffsicherheit, und man rutscht nicht an der glatten Aalhaut ab. Dann muß man einfach nur ziehen. Alle, die sich diese Arbeit nicht machen wollen, kaufen einfach einen ausgenommenen, gehäuteten Aal. Falls Sie sich wundern sollten, warum wir den Aal zuerst braten und ihn dann in den Eintopf geben, hier die Erklärung: Der Aal gibt beim Braten Fett ab, das wir nicht in den Eintopf geben, damit er nicht zu schwer wird.

Strömling Cattelin.

Wenn wir ganz ehrlich sind, hat uns Herr Ekegard, der Wirt des in aller Welt berühmten Stockholmer Restaurants »Operakällaren« (Opernkeller) zu diesem Rezept inspiriert. Falls das ein Delikt sein sollte, so ist es hoffentlich längst verjährt. Im Restaurant »Cattelin« servieren wir immer fritierte Petersilie zu den gebratenen Ostseeheringen, den Strömlingen. Mögen Sie das auch? Man macht es so: Petersilienblätter von den Stengeln schneiden, abspülen und im Küchentuch sorgfältig trockenschwenken. Wasser darf auf keinen Fall mehr dran sein. Das Fritieröl würde spritzen. Legen Sie die Petersilie in eine große Suppenkelle, die Sie ins Öl tauchen, so daß es aufzischt. Sobald es zu zischen aufhört, die Kelle mit der Petersilie wieder herausnehmen. Sie soll spröde und knusprig sein, aber immer noch schön grün. Leicht salzen! Fritieren Sie die Petersilie erst, wenn die Strömlinge fertig sind.

FÜR 4 PERSONEN

2 Eigelb
200 g saure Sahne
1 Eßl. heller französischer Senf
Salz
weißer Pfeffer
30 frische kleine Ostseeheringe ohne Köpfe und Rückengräten, aber mit zusammenhängenden Filets
Semmelbrösel und Roggenmehl zum Panieren
Butter zum Braten

1.

Eigelb, saure Sahne, Senf, Salz und Pfeffer mischen. Heringsfilets darin wenden und 2 Stunden zugedeckt ruhen lassen.

2.

Filets zur ursprünglichen Form zusammenklappen. In einer Mischung aus Semmelbröseln und Roggenmehl wenden.

3.

Heringe auf beiden Seiten braun und knusprig braten. Das dauert pro Seite 5–8 Minuten.

Seezunge Meunière.

Drei Voraussetzungen sind für's Gelingen dieses unvergänglichen Rezepts wichtig: Erstens muß es sich um echte Seezungen handeln, weil deren Fleisch besonders fest und fein ist. Zweitens müssen die Seezungen superfrisch sein. Und drittens muß der Fisch genau so gebraten werden, wie wir es beschreiben. Dann können Sie eine exzellente Seezunge Müllerin (= französisch meunière) auf klassische Art servieren.

FÜR 4 PERSONEN

4 küchenfertige Seezungen
Mehl
6 Eßl. Butter
Salz
gehackte Petersilie
Zitronenachtel

1.

Seezunge abspülen und mit Haushaltspapier trocken tupfen.

2.

Fische salzen und in Mehl wenden. Überflüssiges Mehl abklopfen.

3.

Die Pfanne zum Braten heiß werden lassen. Butter darin leicht bräunen lassen. Sobald sie zu schäumen aufhört, die Fische hineinlegen. Hitze sofort reduzieren. Fisch pro Seite 5–7 Minuten braten lassen, bis er auf beiden Seiten goldbraun wird. Achtung: die Butter darf nicht zu heiß sein. Wird sie zu schnell gebräunt, bevor Sie den Fisch hineinlegen, dann brennt der Fisch an.

4.

Fisch salzen. Anrichten. Reichlich gehackte Petersilie draufstreuen, mit der braunen Butter begießen. Zitronenachtel dazu servieren.

Scampi am Spieß.

Eine sehr schöne Vorspeise, die aber auch – mit Reis Chinoise – Hauptgericht sein kann. Wie man diesen Reis zubereitet, finden Sie im Rezept »Scampi Chinoise«. Die Scampi sollten nach Möglichkeit frisch sein, aber auch tiefgefrorene können verwendet werden. Eine wichtige Rolle bei diesem Gericht spielt die scharf-pikante Sauce Diable (die nicht zufällig so heißt).

FÜR 4 PERSONEN

16–20 Scampi (Tiefseehummerschwänze)

Für die Marinade:
12 Eßl. Öl
1 Knoblauchzehe
1 Eßl. Zitronensaft
Salz, weißer Pfeffer

Für die Sauce Diable:
2 Schalotten
2 Eßl. Butter
Gut ¼ l Weißwein
Knapp ½ l Bouillon
1 Teel. heller französ. Senf
1 Eßl. gehackter Estragon in Weinessig
1 Eßl. Mehl
1–2 Messerspitzen Cayennepfeffer

1.

Scampi der Länge nach teilen, aber nicht schälen. Für die Marinade das Öl mit der geschälten, zerdrückten Knoblauchzehe und Zitronensaft verrühren. Salzen, pfeffern, halbierte Scampi hineinlegen. Mehrere Stunden marinieren.

2.

Für die Sauce Diable: Schalotten schälen, hacken und in 1 Eßl. Butter anbraten, ohne daß sie braun werden. Weißwein zugießen. Auf die Hälfte einkochen lassen. Bouillon, Senf und Estragon zugeben. Auf die Hälfte einkochen. Restliche Butter mit dem Mehl verkneten. Unter Rühren in die Sauce flocken und 5 Minuten kochen. Sauce durchsieben. Geben Sie vorsichtig nach und nach den Cayennepfeffer dazu. Zwischendurch immer probieren, ob sie scharf genug, aber auch aromatisch und rundgewürzt ist.

3.

Scampihälften auf Spieße stecken. In einer Pfanne im vorgeheizten Ofen bei 275 Grad (Gas: Stufe 7) auf der obersten Leiste oder unterm vorgeheizten Grill in 4–5 Minuten garen. Mit der Sauce Diable und Reis Chinoise servieren.

Cattelins Dorschfilet.

Dieses Rezept ist dadurch entstanden, daß eine Zeitschrift auf der Suche nach Rezepten für gute, aber preiswerte Gerichte war. Wir dachten dabei an unsere beliebte Fischsuppe und erfanden dieses Rezept. Eine Delikatesse aus zartem Dorsch, Muscheln und allerlei lekkeren anderen Zutaten. Sie müssen nicht unbedingt frische Muscheln verwenden, denn es gibt sehr gute Konserven.

Wenn Sie aber frische Muscheln kaufen, dann dürfen Sie nur geschlossene verwenden. Sind die Schalen geöffnet, dann sind die Muscheln verdorben und gehören in den Mülleimer. Gekocht, öffnen sich die Muschelschalen.

FÜR 4 PERSONEN

150 g Lauch
150 g Fenchelknolle
½ l Wasser
½ Teel. weiße Pfefferkörner
1 Bund Petersilie
16 frische Muscheln
(oder 1 Dose Muscheln naturell)
1 Knoblauchzehe
6 Eßl. Öl
10 Eßl. trockener Weißwein
1 Tütchen Safran
1 Eßl. Speisestärke
2 Tomaten
Butter zum Einfetten
700 g Dorschfilets
Salz
150 g Krabbenfleisch

1.

Lauch und Fenchel putzen. Das Grüne vom Lauch abschneiden. Alles waschen.

2.

Lauchgrün in einen Kochtopf legen. Wasser zugießen. Außerdem Pfefferkörner und ein paar Petersilienstengel dazugeben. Aufkochen lassen.

3.

Muscheln unter Wasser bürsten und gründlich waschen. In den Topf geben und 6 Minuten kochen. Achten Sie darauf, daß sie sich öffnen.

4.

Fenchel und Lauch in Streifen schneiden. Geschälten Knoblauch zerdrücken.

5.

Öl in einem Kochtopf erhitzen. Knoblauch darin anbraten, aber nicht braun werden lassen. Lauch und Fenchel zugeben. Etwas einkochen lassen.

6.

Weißwein zugießen, den Muschelsud durch ein Sieb zugießen. Wenn Sie Muscheln aus der Dose verwenden, nehmen Sie statt dessen diesen Muschelsud. Safran zugeben.

7.

5 Minuten kochen. Speisestärke mit Wasser anrühren. Sauce damit binden.

8.

Tomaten mit kochendheißem Wasser überbrühen, mit kaltem abschrecken, häuten, in Stücke schneiden und dabei entkernen. Restliche Petersilie hacken.

9.

Feuerfeste Form mit Butter einfetten. Dorschfilet hineinlegen. Salzen. Mit den Tomatenstücken bedecken. Wein-Muschelsauce abschmecken und auf dem Fisch verteilen. Aufkochen und 5 Minuten bei geringer Hitze ziehen lassen.

10.

Muscheln und Krabben zugeben und wärmen. Reichlich Petersilie draufstreuen.

11.

Gericht mit Salzkartoffeln, Reis oder Brot servieren.

Hecht-Soufflé.

Zugegeben, dieses Gericht ist nicht ganz einfach herzustellen. Aber die Mühe lohnt sich. Wichtig: der Fisch muß roh gemahlen werden. Darauf baut das Rezept auf. Drehen Sie das Filet mehrmals durch den Fleischwolf, dadurch bekommt es eine gleichmäßig feine Konsistenz. Am besten verarbeitet sich gekühltes Fischfleisch.

FÜR 4 PERSONEN

500 g gut gekühlte Hechtfilets
knapp ½ l Sahne (gekühlt)
Salz
3 Eiweiß

Für die Sauce:
1 rote oder grüne Paprikaschote
30 g Butter
2 Teel. Tomatenmark
30 g Mehl
½ l erwärmte Milch
Salz, weißer Pfeffer
evtl. noch 100 g Krebs- oder Krabbenfleisch

1.

Bitten Sie Ihren Fischhändler, die Hechtfilets ganz fein zu mahlen, wenn Sie zu Hause keine Möglichkeit dazu haben. Wenn Sie es aber selbst machen, drehen Sie es mehrmals durch den Fleischwolf (feinste Scheibe).

2.

Den größten Teil der Sahne sorgfältig einrühren. Beides muß sich gut miteinander verbinden. Salzen und noch weiterrühren. (Mit Salz bindet sich die Masse leichter.) Rest Sahne unterrühren.

3.

Eiweiß steif schlagen. Unter die Fischfarce heben. Abschmecken.

4.

Auflaufform oder Portionsschüsseln mit Butter einfetten. Man kann auch feuerfeste Kaffee- oder Teetassen nehmen. Fischfarce einfüllen. Im Wasser in den vorgeheizten Ofen (mittlere Schiene) schieben. Bei 200 Grad (Gas: Stufe 3) 20 Minuten backen.

5.

Für die Sauce die Paprikaschote vierteln, putzen, waschen und kleinschneiden. In der Butter anbraten, Tomatenmark zugeben.

6.

Mehl drüberstäuben. Unter Rühren nach und nach die erwärmte Milch zugeben. 8–10 Minuten kochen. Mit Salz und Pfeffer abschmecken.

7.

Wenn Sie das Ganze besonders feierlich machen wollen, etwas Krebsfleisch oder Krabben in der Sauce erhitzen, aber nicht kochen, sonst werden die Krustentiere zäh.

8.

Gericht mit Reis servieren.

Gratinierter Fisch.

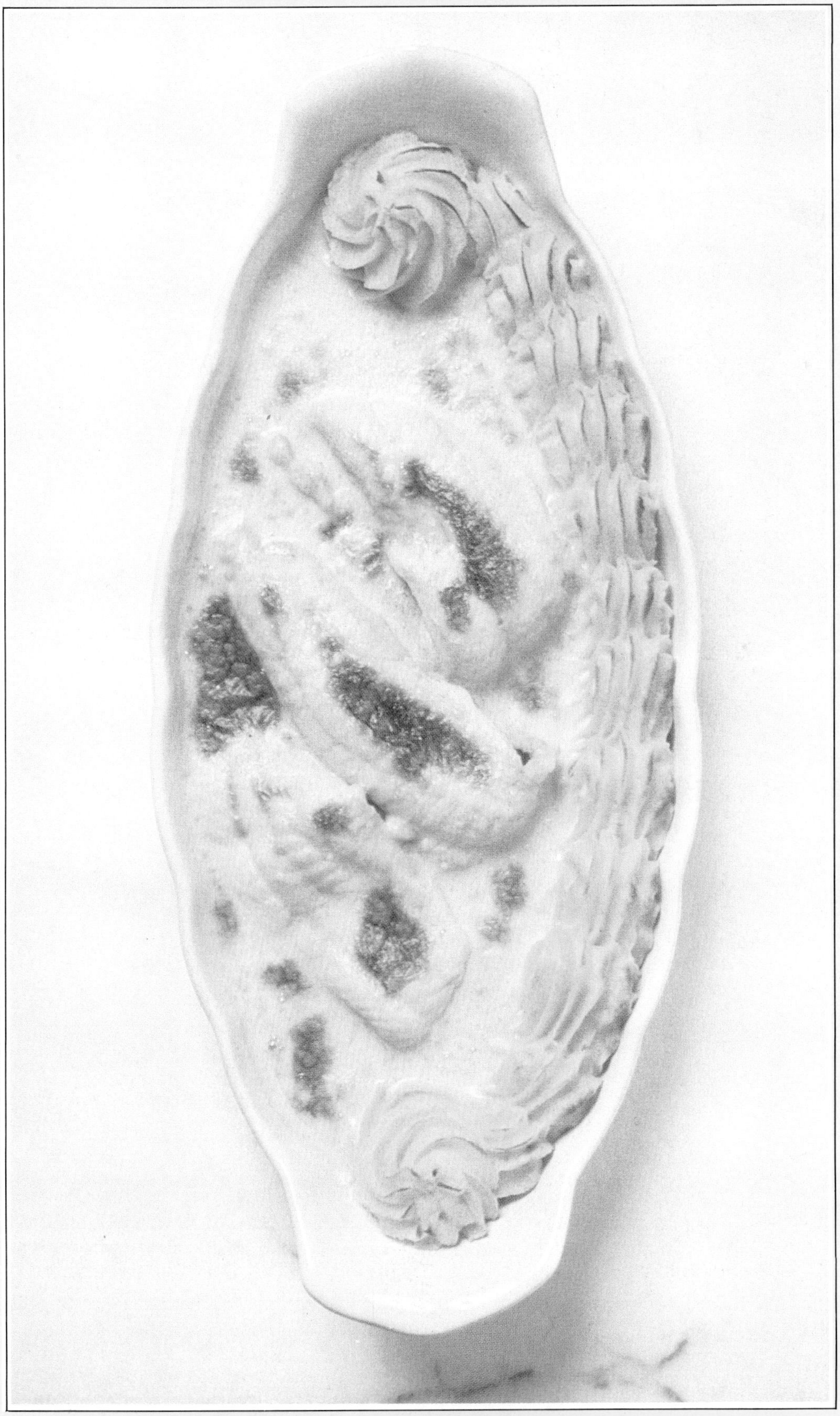

Dies ist ein Grundrezept, zu dem Sie auch verschiedene Arten Fisch wählen können. Hauptsache, er hat festes Fleisch. Gut geeignet sind Seezunge, Steinbutt und Zander. Zum Garnieren können Sie am besten Krabben und Champignons verwenden.

FÜR 4 PERSONEN

800 g Fischfilets (Köpfe, Gräten und Haut zugeben lassen)

Für den Kartoffelbrei:
600 g Kartoffeln, Salz
100 g Butter, 2 Eigelb

Außerdem:
Butter zum Einfetten
20 Eßl. trockener Weißwein
3/8 l Crème fraîche
2 Eigelb, Salz, Zitronensaft

1.

Fischbouillon aus den Abfällen kochen (s. S. 46).

2.

Kartoffeln schälen, waschen. Im gesalzenen Wasser vom Kochen an 20 Minuten garen. Abgießen, trockendämpfen, pürieren. Butter und 2 Eigelb unterrühren. Abschmecken.

3.

Fischfilets in einen mit Butter eingefetteten Topf legen. Wein und knapp 3/8 l Fischbouillon draufgießen. Aufkochen und mit einem mit Butter bestrichenen Pergamentpapier zudecken. Den Fisch 6–7 Minuten ziehen lassen.

4.

Den Kartoffelbrei in einen Spritzbeutel (Sterntülle) füllen. Rand einer feuerfesten Form ausspritzen. Im Ofen – oberste Schiene – 5 Minuten bei 225 Grad (Gas: Stufe 4) überbacken.

5.

Aus dem Ofen nehmen. Fischfilets darauf anrichten und warm halten.

6.

Fischbouillon bis auf 1/4 l einkochen.

7.

Crème fraîche zugeben und unter Rühren sämig kochen.

8.

Eigelb mit der restlichen Crème fraîche verrühren. In die Sauce rühren. Erhitzen, aber nicht kochen. Das ist sehr wichtig. Wenn die Sauce kocht, gerinnt sie. Mit Salz und Zitronensaft abschmecken.

9.

Sauce auf den Fisch gießen. Nochmals bei 250 Grad (Gas: Stufe 5–6) auf der obersten Schiene etwa 10 Minuten überbacken.

Barsch in Kräutersauce.

Das Zubereiten dieser Speise ist vor allem dann die Mühe wert, wenn Sie mit eigenhändig gefangenen Barschen nach Hause kommen. (Der Barsch ist ein in Schweden sehr häufig vorkommender Fisch. In Deutschland kann man ihn in besonders gut sortierten Fischgeschäften kaufen.) Der Fisch soll ganz frisch sein. Die größte Schwierigkeit bei der Verarbeitung ist das Schuppen. Alle Schuppen müssen entfernt werden, obwohl sie ziemlich fest sitzen. Der Fischkopf soll dranbleiben, Kiemen müssen entfernt werden. – Die Sauce soll nicht zu dickflüssig werden; nehmen Sie deshalb mehr Butter als Mehl zu der Butter-Mehl-Mischung.

FÜR 4 PERSONEN

4 Barsche, Butter zum Einfetten
2 Bund Dill, Salz
weißer Pfeffer
50 g Butter, 2 Eßl. Mehl
1 Bund Petersilie

1.

Fische gründlich schuppen und ausnehmen. Kopf dranlassen, Rogen mitverwenden, aber die Kiemen entfernen.

2.

Einen flachen Topf mit Butter einfetten. Fische nebeneinander hineinlegen. Rogen dazu legen.

3.

Wasser aufkochen und auf Fische und Rogen gießen, so daß sie davon bedeckt sind. Salzen und 1 Bund gehackten Dill hineinlegen. Weißen Pfeffer drübermahlen. Aufkochen. Hitze sofort reduzieren.

4.

Ein mit Butter bestrichenes Pergamentpapier auf den Topf legen, in 15–20 Minuten garziehen lassen, aber nicht kochen.

5.

Fische und Rogen in einer Schüssel mit Pergamentpapier zudecken und warm stellen.

6.

Dillstengel aus der Fischbrühe nehmen. Butter und Mehl miteinander verkneten. Unter Rühren in die Brühe flocken und 5 Minuten kochen. Restlichen Dill und die Petersilie waschen und hacken. In die Sauce geben. Abschmecken und auf den Fisch gießen. Dazu Salzkartoffeln servieren.

Paella Valenciana.

Wir sind immer darauf bedacht, auch ein paar ausländische Gerichte auf unserer Speisekarte zu haben. Die Rezepturen stammen meistens von ausländischen Köchen, die bei uns gearbeitet haben. Einer unserer ersten spanischen Köche inspirierte uns zu diesem Gericht. Und da er Spezial-Paella-Pfannen mitgebracht hatte, war das Zubereiten leicht. Das ist jetzt 20 Jahre her. So lange aber hielten die Pfannen nicht, so daß wir uns von unserem Kupferschmied neue machen ließen, die noch heute makellos sind. Paella bedeutet, wie Sie sicher wissen, ganz schlicht Pfanne. In Spanien packt man Gemüse, Fisch, Krustentiere, Fleisch – kurz eine bunte Palette von Zutaten in die Paella. aber ohne Reis und Safran wäre die Paella ein Nichts.

FÜR 4 PERSONEN

1 küchenfertiges Hähnchen von 600 g
500 g Kabeljau- oder Schellfischfilet (Gräten, Kopf und Haut mitgeben lassen)
1 Knoblauchzehe
1 Tütchen Safran, 1 Zwiebel
4 Tomaten, 8–10 Eßl. Öl
Salz, weißer Pfeffer
3/4 l Fischbouillon
300 g Reis
je 1 Packung Tiefkühl-Brechbohnen und -Erbsen (je 300 g)
2 gehäufte Eßl. eingelegte Paprikaschoten in Streifen
8 Scampi, 12 Muscheln
1 großer Bund Petersilie
Zitronensaft
evtl. noch 150 g Hummerfleisch

1.

Hähnchen innen und außen waschen. Halbieren. Jede Hälfte in fünf Stücke schneiden.

2.

Aus den Fischabfällen 3/4 l Bouillon kochen.

3.

Knoblauch schälen. Mit dem Safran in einem Mörser zerstoßen. Mit etwas Wasser verdünnen.

4.

Zwiebel schälen. Tomaten waschen. Stengelansätze entfernen. Beides hacken.

5.

Öl in einem großen, flachen Topf, besser noch in einer Paellapfanne (in gut sortierten Haushaltsgeschäften zu kaufen) erhitzen. Hähnchenstücke mit Salz und Pfeffer würzen und darin anbraten. Hitze reduzieren. Gehackte Zwiebel zugeben. Braten, ohne zu bräunen.

6.

Gehackte Tomaten zufügen. Fischbouillon und Knoblauch-Safran-Mischung zugießen. Mit Salz abschmecken. Weißen Pfeffer mit der Mühle draufmahlen. Stark würzen. (Der Reis macht die Paella wieder milder.)

7.

Reis zugeben und unterrühren. Aufkochen und nacheinander das tiefgefrorene Gemüse, den eingelegten Paprika, den Fisch in Stükken und die Scampi zugeben. 5 Minuten kochen. Topf mit Folie bedeckt in den vorgeheizten Ofen stellen. 15–20 Minuten bei 200 Grad (Gas: Stufe 3) garen.

8.

Gut gesäuberte Muscheln in ein wenig Wasser mit etwas Salz kochen, bis sie sich öffnen.

9.

Folie vom Topf nehmen. Paella mit den gekochten Muscheln garnieren, die auch in der Schale bleiben dürfen. (Sie können übrigens auch konservierte Muscheln naturell verwenden.)

10.

Wenn die Paella fertig ist, sollte der Reis gekocht, aber nicht klebrig sein. Zum Schluß reichlich gehackte Petersilie draufstreuen. Die Spanier würzen die Paella, die saftig, aber nicht flüssig sein soll, noch mit Zitronensaft. Wenn Sie die Paella noch verfeinern wollen, geben Sie kleingeschnittenes Hummerfleisch hinzu. Zum Beispiel an Festtagen.

Aalquappen-Ragout.

In Skandinavien steht dieser Fisch, der in Deutschland auch Quappe, Ruppe oder Trüsche genannt wird, häufig auf den Speisekarten. Wir empfehlen unser schmackhaftes Ragout, für das wir auch Leber und Rogen mitverwenden, weil sie wahre Delikatessen sind. Es gibt nur wenig Fische, die so wohlschmeckende Innereien haben.

FÜR 4 PERSONEN

2 Aalquappen (1500–2000 g)
1 Möhre (50 g)
1 Stück Knollensellerie (50 g)
1 Stange Lauch
4 Eßl. Öl, Salz
1 Teel. Weinessig, weißer Pfeffer
Butter zum Einfetten
20 Eßl. trockener Weißwein
1 Eßl. Zitronensaft
Muskatblüte (Maars)
300 g Sahne, 1 Eigelb

Fische wie Aale häuten (siehe S. 47). Legen Sie einen Schnitt um den Körper des Fisches, gleich hinter dem Kopf. Dann nehmen Sie ein Handtuch, das Sie befeuchten und mit ein wenig Salz bestreuen. Halten Sie den Kopf mit der einen Hand fest und mit der anderen ziehen Sie die Haut ab. Das Handtuch verhindert, daß Sie zu leicht abgleiten.

1.

Fische ausnehmen, Lebern und Rogen vorsichtig herausnehmen. Köpfe abtrennen, Kiemen wegschneiden, Köpfe spalten. Alles gründlich in kaltem Wasser säubern.

2.

Möhre und Knollensellerie schälen und würfeln. Lauch putzen, waschen und in kleine Stücke schneiden. Öl in einem Topf erhitzen, Fischköpfe und Gemüse darin anbraten. Soviel Wasser zugießen, daß alles eben bedeckt ist. Aufkochen, salzen. 20 Minuten ziehen lassen.

3.

Rogen in einem kleinen Topf in leicht gesalzenem Wasser 10 Minuten kochen. Lebern in einem anderen Topf in leicht gesalzenem Wasser mit 1 Teel. Weinessig und etwas Pfeffer 5 Minuten kochen. Leber und Rogen sollen nicht zusammen gekocht werden, sondern separat!

4.

Fische in 6 cm lange Stücke teilen. In eine gefettete Pfanne legen. Die gesiebte Fisch-Gemüse-Bouillon, Weißwein, 1 Teel. Zitronensaft und 1 Prise Muskatblüte dazugeben. Aufkochen. In 15 Minuten garziehen lassen.

5.

Fischstücke mit dem Schaumlöffel aus der Bouillon heben. In einer vorgewärmten Schüssel anrichten. Warm stellen. Mit gebuttertem Pergamentpapier zudecken.

6.

Bouillon durchsieben und auf ¼ l einkochen. Sahne (2 Eßl. zurücklassen) unterrühren und so lange kochen, bis die Sauce sämig ist. Eigelb mit der restlichen Sahne verquirlen. Sauce damit legieren. Erhitzen, aber nicht kochen. Mit Zitronensaft und Salz abschmekken.

7.

Rogen und Lebern in Scheiben schneiden. Zu den Fischstücken legen.

8.

Heiße Sauce draufgießen. Dazu in Butter gebratene Weißbrot-Dreiecke (Croutons) reichen.

Fischauflauf.

Dafür sind Fische von intensivem Geschmack geeignet – wie z. B. Heilbutt, Schellfisch und Kabeljau. Achten Sie darauf, daß der Reis gut gekocht sein muß; ist das nicht der Fall, zieht er Flüssigkeit an, und macht den Auflauf trocken. Drittens sollten Sie daran denken, daß auch ein sehr guter Fischauflauf durch kleine überraschende Gräten verdorben werden kann. Achten Sie also darauf, daß wirklich alle Gräten entfernt werden, wenn Sie den Fisch putzen.

FÜR 4 PERSONEN

100 g Reis
Salz
Gut ½ l Milch
300 g gekochter Fisch
2 Eier
Salz, weißer Pfeffer
Butter zum Einfetten

1.

Reis in ¼ l leicht gesalzenem Wasser ankochen. ¼ l Milch zugießen und in 15–20 Minuten garen.

2.

Fisch häuten und entgräten. Zweimal durch den Fleischwolf (feine Scheibe) drehen oder in der Küchenmaschine zerkleinern.

3.

Restliche ¼ l Milch mit den Eiern gründlich verquirlen.

4.

Abgetropften Reis mit der Milch-Eier-Mischung und dem zerkleinerten Fisch unterrühren. Salzen und pfeffern.

5.

In eine gut gefettete Form füllen. Im vorgeheizten Ofen auf der mittleren Schiene bei 175 Grad (Gas: Stufe 2) 60 Minuten backen. Die Form sollte so groß sein, daß die Masse – eingefüllt – höchstens 5–6 cm hoch ist.

6.

Auflauf etwas ruhen lassen, bevor er angeschnitten wird. Mit geschmolzener Butter oder Krabbensauce servieren. Wie man eine Krabbensauce zubereitet, steht auf Seite 67. In diesem Fall den Madeira weglassen.

Rimmad-Lachs.

Der Unterschied zwischen den beiden Lachszubereitungen: Für Rimmad-Lachs wird mehr Salz und weniger Zucker gebraucht. Beim Gravad-Lachs ist es umgekehrt. Gravad-Lachs kann man schon 24 Stunden nach der Zubereitung essen. Das macht die reichliche Zuckerzugabe. Rimmad-Lachs muß dagegen drei Tage gebeizt werden. Noch ein Unterschied: Rimmad-Lachs wird in dünnen Scheiben, schräg zur Haut, geschnitten. Gravad-Lachs schneidet man auf alte nordländische Art gerade in dickeren Scheiben.

FÜR 6 PERSONEN

3 Eßl. Salz, 1 Eßl. Zucker
5 Dillstengel
1 Eßl. zerstoß. weißen Pfeffer
2 völlig grätenfreie Lachsfilets (je 500 g), möglichst gleich groß, mit Haut

1.

Salz und Zucker mit dem gewaschenen, gehackten Dill mischen. Pfeffer unterheben. Auf die Fleischseiten der Lachsfilets verteilen.

2.

Lachshälften mit den Fleischseiten gegeneinander drücken und in eine flache Schüssel legen.

3.

Schüssel mit einem Teller zudecken. Lachs im Kühlschrank 3 Tage beizen. Nach 1½ Tagen einmal wenden.

4.

Rimmad-Lachs schräg zur Haut in dünne, große Scheiben schneiden. Mit Sahne-Béchamelkartoffeln servieren.

Gravad-Lachs.

Wie sich Gravad- und Rimmad-Lachs voneinander unterscheiden, können Sie auf der linken Seite lesen. Für beide Zubereitungsarten gilt: Der Fisch muß ganz frisch, eher fett als mager und von bester Qualität sein. Wenn Sie den Gravad-Lachs so in Scheiben geschnitten haben, daß noch etwas Fleisch an der Haut hängen geblieben ist, können Sie noch eine wahre Delikatesse zubereiten, indem Sie die Haut rösten. Sie schmeckt vorzüglich. Auf die Senfsauce dürfen Sie beim Gravad-Lachs niemals verzichten. Sie ist eine delikate schwedische Spezialität.

FÜR 6 PERSONEN

2 Eßl. Salz
3 Eßl. Zucker
5 Dillstengel
1 Eßl. zerstoßener weißer Pfeffer
2 grätenfreie Lachsfilets
(je 500 g), gleich groß mit Haut

Senfsauce:
3 Eßl. Senf
etwas Wasser
2 Eßl. Zucker
1½ Eßl. Weinessig
⅛ l Öl
1 Eßl. gehackter Dill

1.

Salz und Zucker mischen. Die Dillstengel waschen, kleinhacken und dazugeben. Auf die Fleischseiten der Lachsfilets verteilen. Pfeffer draufstreuen.

2.

Lachshälften mit den Fleischseiten gegeneinander in eine Schüssel legen. Zugedeckt in den Kühlschrank stellen.

3.

Etwa 24 Stunden oder länger beizen. Nach zwölf Stunden wenden.

4.

Für die Senfsauce Senf mit etwas Wasser glattrühren. Zucker sorgfältig unterrühren. Weinessig zugeben. Öl teelöffelweise untermischen, Dill unterheben. Zum Gravad-Lachs servieren.

Scampi Newburg.

Der Hummer Newburg, von einem amerikanischen Koch erfunden, gehört zu den Spitzengerichten der internationalen Küche. Aber der exklusive Hummer kostet eine Menge Geld. Deshalb kamen wir auf die Idee, ihn durch Scampi zu ersetzen und das Rezept auf schmackhafte Art zu verändern. Wir flambieren die Scampi mit Madeira. Wie Sie wissen, kommt es beim Flambieren nicht auf den Alkohol, sondern auf das Aroma an. Und da der Alkohol schon bei niedriger Temperatur verdunstet, können auch Leute, die keinen Alkohol vertragen oder mögen, ihre Speisen flambieren. Wichtig ist vor allem, daß die Pfanne richtig heiß ist, damit der Alkohol sich erhitzt und auch wirklich brennt. Die Pfanne, die Sie zum Flambieren benützen, soll flach sein, damit sich der Inhalt über die ganze Bodenfläche ausbreiten kann.

FÜR 4 PERSONEN

4 Eßl. Butter
Salz, weißer Pfeffer
24 frische Scampi (Tiefseehummerschwänze)
$\frac{1}{2}$ l Crème fraîche
10 Eßl. Madeira
2 Teel. Tomatenmark
2 Eigelb

1.

Butter in einem niedrigen Topf erhitzen. Salzen und pfeffern. Scampi hineingeben und 3–4 Minuten darin braten.

2.

Madeira anwärmen und draufgießen. Anzünden und die Flamme ausbrennen lassen.

3.

Scampi aus der Pfanne nehmen. Warm stellen. Mit Folie abdecken.

4.

Tomatenmark in die Pfanne rühren. Crème fraîche zugeben. Unter Rühren auf die Hälfte einkochen lassen.

5.

Pfanne vom Herd nehmen. Eigelb in die Sauce rühren. Scampi wieder zugeben. Mit Salz abschmecken. Pilafreis dazu servieren.

PILAFREIS

Benützen Sie den amerikanischen Langkornreis oder auch den Darboiled-Reis. Beide Sorten lassen sich problemlos garen und kleben nicht, ob in viel oder in wenig Wasser gekocht. Richten Sie sich immer nach der Anweisung auf der Packung.

1 Zwiebel
1 Eßl. Butter
200 g Langkornreis
$\frac{3}{8}$ l Wasser
$\frac{1}{2}$ Teel. Salz
Butter zum Einfetten

1.

Den Backofen auf 175 Grad (Gasherd: Stufe 2) vorheizen.

2.

Zwiebel schälen und feinhacken. In der heißen Butter in einem Topf Reis dazugeben. Unter Rühren gelb braten. Wasser zugießen und salzen. Aufkochen.

3.

Mit Butter bestrichenes Pergamentpapier darüber legen. Deckel drauflegen. Im Backofen – mittlere Schiene – 20 Minuten garen.

Lachs in Weißweinsauce.

Beim Zubereiten von Lachs ist es sehr wichtig zu wissen, daß die Fischbouillon nie aus Lachsgräten gekocht werden soll, weil sie nicht besonders gut schmeckt. Nehmen Sie Abfälle von anderen Fischen. Sollten Sie den Lachs in einem Stück kaufen, so teilen Sie ihn in zwei Hälften. Trotz dieser Belehrungen sollten Sie dieses Rezept probieren!

FÜR 4 PERSONEN

Fischgräten und -köpfe
für die Bouillon

Für die Sauce:
$^3/_8$ l Fischbouillon
20 Eßl. trockener Weißwein
Gut $^1/_4$ l Crème fraîche
2 Eigelb
1 Teel. Zitronensaft
Salz

4 Scheiben Lachskoteletts
1 Eßl. Butter
1 Packung tiefgefrorenen
Blattspinat (300 g)
weißen Pfeffer

1.

Fischgräten und -köpfe mit $^1/_2$ l Wasser 60 Minuten kochen. Durchsieben. $^3/_8$ l abmessen.

2.

Weißwein zur Fischbouillon gießen. Bis zur Hälfte einkochen lassen.

3.

Crème fraîche in die Sauce rühren und sämig kochen (1 Eßl. zurücklassen).

4.

Eigelb mit der restlichen Crème fraîche verquirlen. In die Sauce rühren. Erhitzen, aber nicht mehr kochen. Mit Zitronensaft und Salz abschmecken.

5.

Wasser in einem großen, flachen Topf aufkochen. Leicht salzen. Fisch hineingeben. Hitze sofort reduzieren. Fisch in 12–15 Minuten garziehen lassen.

6.

Während der Lachs siedet, Butter im Topf erhitzen. Leicht angetauten Blattspinat zugeben, 8–10 Minuten dünsten. Salzen, leicht pfeffern.

7.

Lachskoteletts aus dem Topf heben. Häuten. Fleisch von den Gräten lösen. Spinat anrichten. Darauf den Lachs.

8.

Weißweinsauce darauf verteilen. Dazu Petersilienkartoffeln servieren.

Schornsteinfeger.

Dies ist die gute alte schwedische Art, Ostseeheringe (Strömlinge) zuzubereiten. Leider haben viele Restaurants das Rezept ganz vergessen. Denken Sie daran, daß die Strömlinge auf beiden Seiten kräftig gebacken werden, so daß sie schön knusprig sind. Der leichte Röstgeschmack gehört dazu.

FÜR 4–6 PERSONEN

28 ausgenommene Ostseeheringe mit Gräten
6 Eßl. Butter
Salz
1 großer Bund Dill

1.

Achten Sie darauf, daß Sie wirklich ganz frische Heringe bekommen. Die Fische waschen und sorgfältig trocknen.

2.

Eine große Pfanne mit schwerem Boden mit wenig Butter einreiben. Pfanne erhitzen. Eine dünne Schicht Salz hineinstreuen.

3.

Heringe hineinlegen. Auf beiden Seiten knusprig braun braten. Sie sollen ihren Namen Schornsteinfeger wirklich verdienen.

4.

Beim Servieren auf jeden Hering etwas Butter geben. Mit gehacktem Dill bestreuen. Dazu Salzkartoffeln oder Kartoffelpüree servieren. Eine Delikatesse!

Heringsgratin.

Ein einfaches, aber wohlschmeckendes Gericht, für das die Heringsfilets gewässert werden müssen. Wir geben übrigens Sahne hinzu, obwohl das allgemein nicht üblich ist. Wir sind aber sicher, daß es besser schmeckt.

FÜR 4 PERSONEN

8 gesalzene Heringsfilets
1000 g Kartoffeln
2 Zwiebeln
3 Eßl. Butter
2 Eßl. Semmelbrösel
16 Eßl. Sahne

1.

Die Heringsfilets abspülen. In kaltem Wasser über Nacht wässern.

2.

Kartoffeln waschen. In der Schale garkochen. Schälen und in Scheiben schneiden.

3.

Zwiebeln schälen und ebenfalls in Scheiben schneiden.

4.

Auflaufform mit Butter einfetten. Reihenweise Kartoffelscheiben, Heringsfilets und Zwiebelscheiben hineinlegen. Semmelbrösel und die restliche Butter in Flöckchen darauf verteilen.

5.

Form in den vorgeheizten Ofen auf die obere Schiene stellen. 10 Minuten überbacken. Elektroherd: 175 Grad. Gasherd: Stufe 2. Kurz vor Ende der Garzeit die Sahne darüber verteilen.

Fritierte Schollenfilets.

Sind Sie mal im Ausland gewesen und haben »Fish and Chips« gegessen, dann wissen sie ungefähr, welches Gericht Sie hier erwartet. Wenn man den Fisch auf diese Art zubereitet, kann man die meisten Fische verwenden. Fritieren kann man praktisch jeden Fisch. Aber Schollenfilets eignen sich deshalb gut, weil sie besonders flach sind und daher knuspriger werden. Man kann beim Fritieren übrigens nicht vorsichtig genug sein. Sie sollten ein Fritierthermometer zur Hand haben und daran denken, nicht in der Nähe mit Wasser herumzuspritzen. Würde das Unglück jedoch eintreffen, und das heiße Öl zu brennen anfangen, versuchen Sie auf keinen Fall das Feuer mit Wasser zu löschen. Am besten, Sie ersticken es mit einem Deckel oder etwas ähnlichem.

FÜR 4 PERSONEN

Für die Estragonsauce:
- knapp 1/4 l Öl
- 2 Eigelb
- 1 Teel. französischer Senf
- 1 Teel. Weinessig
- Salz, weißer Pfeffer
- 1 Eßl. gehackter Estragon im Weinessig oder 1 Eßl. frischer gehackter Estragon

Außerdem:
- 750 g Kartoffeln
- 2 l Öl
- 8 Schollenfilets
- Salz, Mehl zum Wenden
- 2 Eier
- Semmelbrösel zum Panieren
- 100 g Petersilie, 1 Zitrone

1.

Wir beginnen am besten mit der Sauce: Eigelb, Senf, Weinessig, Salz und Pfeffer in einer Schüssel verrühren.

2.

Unter Rühren das Öl in dünnem Strahl zugeben. Estragon unterheben. Salzen und pfeffern, evtl. noch mit etwas Essig abschmecken. Kühl stellen.

3.

Kartoffeln schälen und waschen. In dünne Stäbchen schneiden. Sorgfältig in einem Küchentuch trocknen.

4.

Öl im Fritiertopf oder in der elektrischen Friteuse auf 160 Grad erwärmen. Kartoffeln darin vorfritieren. Sie sollen heiß, aber noch hell sein. Im Fritierkorb abtropfen lassen.

5.

Fischfilets salzen und in Mehl wenden. Dann in den verquirlten Eiern und zum Schluß in den Semmelbröseln wenden.

6.

Öl auf 180 Grad erhitzen. Schollenfilets darin goldbraun backen. Das dauert 8–10 Minuten. Man kann ein Filet anbrechen um zu sehen, ob es gar ist. Fisch auf Haushaltspapier abtropfen lassen.

7.

Petersilie – gewaschen und sorgfältig getrocknet – fritieren (siehe S. 48).

8.

Kartoffelstäbchen in auf 180 Grad erhitztem Öl goldbraun fritieren. Auf Haushaltspapier abtropfen lassen. Salzen.

9.

Zum Servieren zuerst die Kartoffeln auf der Platte anrichten, darauf den Fisch und zum Schluß die gebackene Petersilie darüber. Mit Zitronenachteln garnieren. Estragonsauce dazu reichen.

Kalter gekochter Lachs.

Ein besonders delikates Gericht, das in Schweden zur Mittsommerfeier serviert wird. Unser Lachs wird einfach und völlig unverfälscht zubereitet. Dadurch erhalten wir sein großartiges Aroma. Lassen Sie sich übrigens nicht verführen, ihn mit Essig zu beträufeln. Er würde seine schöne rosa Farbe verlieren.

Servieren Sie zu diesem Lachs einen frischen Gurkensalat.

FÜR 4 PERSONEN

4 Scheiben Lachs von je 250 g,
Salz, einige weiße Pfefferkörner
½ Lorbeerblatt
5 Dillstengel
Butter zum Einfetten
70 g Möhren, 70 g Knollensellerie
1 kleiner Apfel, 40 g Salatgurke
5–6 Eßl. Mayonnaise
1 Prise Zucker, weißer Pfeffer
Dill und Tomaten zum Garnieren

1.

Lachs abspülen und trockentupfen. Leicht gesalzenes Wasser aufkochen, Pfefferkörner und Dillstengel zugeben.

2.

Lachsscheiben hineinlegen. Aufkochen und Hitze sofort reduzieren. Gefettetes Pergamentpapier drauflegen. In etwa 20 Minuten garziehen lassen. Nicht kochen. Kochplatte abstellen und den Lachs in seiner Brühe abkühlen lassen.

3.

Für den Salat Möhren und Knollensellerie schälen und würfeln. In leicht gesalzenem Wasser 15–20 Minuten kochen. Apfel schälen, vierteln, entkernen. Gurkenstück waschen, abtrocknen. Beides würfeln.

4.

Mayonnaise mit etwas Zucker abschmekken. Salatgemüse unterheben. Mit Salz und Pfeffer abschmecken.

5.

Abgetropften Lachs anrichten. Mit Dill und Tomatenscheiben garnieren. Dazu den Salat und Salzkartoffeln oder Toastbrot servieren.

Seezunge des Königs.

Des öfteren haben wir im Sommer, wenn die Küche im königlichen Schloß geschlossen war, die Mahlzeiten für den alten König zubereitet. Einmal auch dieses Seezungengericht. Daraufhin bekamen wir das Recht, es »Seezunge des Königs« zu nennen. Die Idee, geräucherten Lachs zuzugeben, war schon älteren Datums. Hierbei wurde sie vollendet. Wenn Sie dieses Gericht zubereiten, denken Sie daran, den Lachs nur kurz aufzukochen, weil er stark geräuchert sein und dadurch die Sauce leicht verändern kann.

FÜR 4 PERSONEN

2 Seezungen von je 600 g, vom Fischhändler filetiert, dazu die Abfälle
1 Zwiebel, schwarzer Pfeffer
2 Scheiben Räucherlachs
2 Tomaten
Butter zum Einfetten
20 Eßl. trockener Weißwein
⅜ l Fischbouillon
¼ l Crème fraîche
2 Eigelb, Zitronensaft
2 Eßl. gehackter Dill

1.

Seezungenabfälle in einen Kochtopf geben. So viel Wasser draufgießen, daß die Abfälle eben bedeckt sind. Aufkochen lassen und abschäumen. Geschälte, gehackte Zwiebel und Pfeffer zugeben. Bei geringer Hitze sieden.

2.

Geräucherten Lachs in Streifen schneiden. Nur eben im Wasser aufkochen. Abtropfen.

3.

Tomaten häuten, vierteln, entkernen, klein würfeln.

4.

Seezungenfilets abspülen und trockentupfen.

5.

Die Seezungenfilets in eine mit Butter bestrichene Pfanne legen. Wein und Fischbouillon draufgießen. Mit gefettetem Pergament zudecken. Filets aufkochen; Hitze reduzieren und in 6 Minuten garziehen lassen.

6.

Filets abgetropft auf einer vorgewärmten Platte anrichten und warm stellen. Die Brühe auf ein Viertel der Menge einkochen.

7.

Crème fraîche (2 Eßl. zurücklassen) unterrühren; kochen, bis die Sauce sämig ist. Eigelb mit der restlichen Crème fraîche verquirlen. Sauce damit legieren. Erhitzen, nicht kochen. Etwas Zitronensaft zugeben.

8.

Lachsstreifen, Tomaten und Dill auf dem Fisch verteilen. Mit Sauce überziehen.

Fischfilet mit Taschenkrebs.

Dieses Festessen ist leicht zu kochen. Man verwendet dazu Fisch mit festem Fleisch, wie Schellfisch, Steinbutt oder Seezunge. Und wenn Ihnen das zu teuer ist, können Sie auch Kabeljau oder Goldbarsch kaufen. Beachten Sie bitte, daß wir bei diesem Gericht darauf verzichten, den Fisch in Semmelbrösel zu wenden, damit er saftiger wird und auch keinen Brotgeschmack hat. Rühren Sie das Ei gründlich, sonst könnte der Fisch nach Omelett schmecken. Und: die Champignons bitte kräftig braten, damit sie nicht Saft ziehen und dadurch unangenehm weich werden.

FÜR 4 PERSONEN

3/8 l Sahne, 6 Eßl. Butter
1 Teel. Tomatenmark
Salz, weißer Pfeffer
120 g Fleisch von Taschenkrebsen (oder Nordseekrabbenfleisch)
4 Eßl. Madeira
1 Eßl. gehackter Dill
600 g Schellfisch-, Steinbutt-, oder Seezungenfilet
1½ Eßl. Mehl, 1 Ei
250 g Champignons

1.

Sahne unter Rühren aufkochen.

2.

2 Eßl. Butter in einem Topf erhitzen. Mehl unter Rühren einstreuen, Tomatenmark zugeben. Heiße Sahne unter ständigem Rühren nach und nach zugießen. Eine glatte, samtige Sauce kochen. Mit Salz und Pfeffer abschmecken.

3.

Krebsfleisch im heißen Madeira so lange erhitzen, bis es dampft. Mit dem gehackten Dill in die Sauce mischen. Abschmecken.

4.

Fischfilets salzen und in Mehl wenden. Ei gründlich verquirlen. Fischfilets hineintauchen. Überschüssiges Ei von den Filets abtropfen lassen, bevor sie gebraten werden.

5.

2 Eßl. Butter erhitzen. Fischfilets in 8–10 Minuten darin goldbraun braten. Auf einer vorgewärmten Platte anrichten und warm stellen.

6.

Champignons putzen und sorgfältig abtrocknen. Pfanne erhitzen. Restliche Butter darin goldbraun werden lassen. Champignons kräftig braun braten. Salzen und pfeffern.

7.

Champignons auf die Fischfilets verteilen. Krabbensauce und Petersilienkartoffeln dazu servieren.

Fleisch und Geflügel.

Hähnchen mit Tagliatelle.

Nach unserem Geschmack ist dies eine besonders gute Kombination. Sie können sowohl frische wie tiefgefrorene Hähnchen verwenden. Wollen Sie das Ganze etwas vereinfachen, nehmen Sie einen Würfel Hühnerbouillon dazu, damit geht es wirklich sehr gut. Natürlich können Sie auch andere Pastaformen dazu benützen, aber Tagliatelle, diese langen italienischen Bandnudeln, eignen sich besonders gut für Gerichte, bei denen die Sauce eine große Rolle spielt.

FÜR 4 PERSONEN

2 küchenfertige Hähnchen
1 kleine Zwiebel
6 Eßl. Butter, Salz, weißer Pfeffer
½ Teel. Thymian
1 Lorbeerblatt
3 Eßl. Mehl
⅛ l Sahne
2 Eigelb
1–2 Teel. Zitronensaft
2 Eßl. eingelegten Paprika
250 g Nudeln (z. B. Tagliatelle)

1.

Hähnchen innen und außen waschen. Am Rücken einschneiden, so daß man sie auseinanderklappen kann.

2.

Zwiebel schälen und hacken. 1 Eßl. Butter erhitzen. Zwiebel darin gelb, aber nicht braun braten.

3.

Hähnchen mit der Innenseite nach unten in einen Topf legen. 1 l Wasser zugießen, so daß die Hähnchen eben bedeckt sind. Aufkochen. Salzen und pfeffern. Thymian und Lorbeerblatt hineingeben. Mit gefettetem Pergamentpapier zudecken.

4.

Nach knapp 30 Minuten sind die Hähnchen gar. Aus dem Topf nehmen und warm stellen.

5.

Hähnchenbouillon durchsieben.

6.

4 Eßl. Butter im Topf erhitzen. Mehl unterrühren. Unter Rühren nach und nach die heiße Bouillon zugießen.

7.

Sahne und Eigelb verquirlen. In die Sauce rühren. Erhitzen, aber nicht kochen. Topf vom Herd nehmen. Mit Zitronensaft und Salz abschmecken. Gehackte Paprika unterheben.

8.

Nudeln aufstellen, wenn Sie mit der Sauce beginnen. In leicht gesalzenem Wasser kochen. Abtropfen lassen.

9.

Nudeln in 1 Eßl. Butter schwenken.

10.

Hähnchenschlegel und Bruststücke voneinander trennen. Auf den Nudeln anrichten. Sauce zugießen oder extra reichen.

Blanquette vom Kalb.

»Blanquette de Veau« heißt diese Art Gericht auf gut küchenfranzösisch, der internationalen Sprache der Küche. Es ist ein klassisches Gericht, das seine festen Rezeptbestandteile hat. Hier finden Sie unsere Version.

Zum Beispiel wird das Fleisch immer blanchiert, also in Wasser kurz aufgekocht. Dann schäumt man die Brühe ab, um eine klare und gute Bouillon zu bekommen. Kalbfleisch schmeckt bekanntlich etwas zu mild, deshalb ist es wichtig, daß die Sauce einen intensiven, spannenden Geschmack bekommt.

FÜR 4 PERSONEN

800 g Kalbfleisch in gulaschgroßen Stücken
Salz
1 Möhre, 1 Stange Lauch
ein paar weiße Pfefferkörner
1 Gewürznelke, 1 Lorbeerblatt
12 kleine Zwiebeln,
100 g Champignons
4 Eßl. Butter, 2 Eßl. Mehl
8 Eßl. Sahne

1.

Fleisch in einen Kochtopf mit kaltem gesalzenem Wasser legen. Aufkochen lassen und wieder mit kaltem Wasser abspülen.

2.

Möhre putzen. Lauch putzen und waschen.

3.

Fleisch wieder aufsetzen. Mit Wasser aufkochen, abschäumen und salzen. Möhre, Lauch, Pfefferkörner, Gewürznelke und Lorbeerblatt zugeben. In etwa 20 Minuten garkochen.

4.

Zwiebeln schälen, Champignons putzen. Champignons in 2 Eßl. erhitzter Butter in einem Topf braten. Warm stellen.

5.

Zwiebeln in den Topf geben. Etwas Fleischbouillon durchsieben und zugießen. 10–15 Minuten garkochen. Champignons wieder zugeben. Abschmecken. Im Topf warm stellen.

6.

Gegartes Fleisch aus dem Topf nehmen und warm stellen. Bouillon auf etwa einen knappen l einkochen. Durchsieben. 2 Eßl. Butter mit dem Mehl verkneten. Unter Rühren in die Bouillon flocken. 5 Minuten kochen lassen.

7.

Sahne zugießen. Abschmecken. Fleisch, Zwiebeln und Champignons zugeben. Erhitzen und anrichten. Mit Pilafreis (siehe S. 60) servieren.

Wallenbergare.

Ein »Wallenbergare« ist eine schwedische Frikadelle ganz besonderer Art. Und eine teure dazu. Denn diese Frikadellen werden nur aus Kalbfleisch und Kalbsfilet zubereitet. Das Fleisch muß sehr fein zerkleinert sein. Beim Einkauf bitte darauf achten. Wichtig ist auch, daß die Zutaten beim Mischen alle kalt sind. Das Hackfleisch soll gut durchgearbeitet werden, damit es geschmeidig und fein wird. Die Sahne wird nur nach und nach dazugegeben. Die Frikadellen sollen leicht gebraten werden. Ein richtig zubereiteter »Wallenbergare« soll eine hellbraune Oberfläche haben und innen sehr hell sein.

FÜR 4 PERSONEN

200 g mageres Kalbfleisch
200 g Kalbsfilet,
beides fein gemahlen
3 Eigelb
¼ l Crème fraîche
Salz, weißer Pfeffer
1 Eßl. Kräutermischung
frisch geriebenes Weißbrot
4–6 Eßl. Butter

1.

Kalbfleisch sorgfältig mit dem Eigelb mischen.

2.

Créme fraîche nach und nach zugießen. Zu einer geschmeidigen Farce mischen. Salzen und pfeffern und mit der Kräutermischung würzen.

3.

Die »Wallenbergare« groß und flach formen. Frikadellen im geriebenen Weißbrot wenden. Butter in der Pfanne erhitzen. Frikadellen bei mittlerer Hitze darin je Seite etwa 4–5 Minuten braten.

4.

Dazu in Butter geschwenkte Pol-Erbsen und Kartoffelpüree servieren. In Schweden ißt man außerdem Preiselbeerkompott dazu.

Osso Bucco.

Das ist nichts anderes, als geschmorte Kalbshaxe, auf italienische Weise zubereitet und gewürzt und in Scheiben angerichtet. Klar, daß Sie die Kalbshaxe vom Fleischer gleich in Scheiben schneiden lassen. Man verwendet dazu die Hinterläufe des Kalbs. Aus einer Haxe bekommt man nicht viele Scheiben, vielleicht 2–3 Stück. Bitten Sie Ihren Metzger, die Scheiben für Sie durchzusägen. Sie werden zu Hause kaum die nötigen Werkzeuge dafür haben. Man darf die Scheiben auf keinen Fall durchhacken wollen, weil man damit das Mark beschädigen könnte; außerdem könnten Knochensplitter im Fleisch steckenbleiben.

FÜr 4 PERSONEN

1 kleine Möhre
1 Stück Knollensellerie
1 Zwiebel
4 Scheiben Kalbshaxe (je 3 cm dick)
Salz
schwarzer Pfeffer
Mehl zum Wenden
4 Eßl. Öl
2 Eßl. Butter
10 Eßl. Weißwein
1 kleine Dose geschälte Tomaten
1 Eßl. Tomatenmark
½ Teel. Rosmarin
¾ l Bouillon oder Wasser
1 Knoblauchzehe
abgeriebene Schale einer halben Zitrone
1 Bund Petersilie
evtl. Speisestärke

1.

Möhre, Knollensellerie und Zwiebel schälen. In kleine Würfel schneiden oder kleinhacken.

2.

Fleischscheiben salzen, pfeffern und in Mehl wenden. Danach in Öl und Butter anbraten.

3.

Gemüse zugeben und unter Rühren durchbraten. Weißwein angießen. Tomaten, Tomatenmark und Rosmarin zugeben. Durchrühren. Etwas einkochen lassen.

4.

So viel Bouillon zugießen, daß das Fleisch bedeckt ist. Topf zudecken, 1½ Stunden schmoren.

5.

Fleisch herausnehmen. Schmorfond etwas einkochen lassen. Geschälte, zerdrückte Knoblauchzehe, geriebene Zitronenschale und gehackte Petersilie zugeben. Abschmekken. Nach Wunsch mit Speisestärke binden. Fleisch in der Sauce anrichten. Risotto dazu servieren.

Kalbsfilet Oskar.

Dieses luxuriöse Gericht hat seinen Namen vom schwedischen König Oskar II. Es ist luxuriös, weil Kalbsfilet dazu verwendet wird. Den teuren Hummer, der eigentlich hineingehört, haben wir durch Krebsschwänze ersetzt. Das schwierigste an diesem Rezept ist die »Sauce Béarnaise«. Man muß sie mit Fingerspitzengefühl zubereiten. Es gilt, drei Hauptgefahren zu vermeiden, die zum Gerinnen der Sauce führen: Sie darf nicht zu dick werden. Mehr als die angegebene Buttermenge darf nicht hinein und – die zerlassene Butter darf nicht zu heiß sein. Falls Ihnen die Sauce Béarnaise dennoch gerinnen sollte, ist sie noch zu retten. Und zwar so: 1 Eßlöffel Wasser mit einem Eigelb in einer Schüssel mischen. Nach und nach in die Sauce rühren.

FÜR 4 PERSONEN

Sauce Béarnaise:
- 1 Schalotte oder 1 kleine Zwiebel
- weißer Pfeffer, 5 Petersilienstengel
- ½ Eßl. Estragon
- 2 Eigelb
- 175 g Butter
- 3 Eßl. Weinessig, Salz

Außerdem:
- 600 g Kalbsfilet, Salz
- weißer Pfeffer
- Mehl zum Wenden
- 1 Dose Spargel (600 g)
- 1 Eßl. Butter
- 4 Krebsnasen oder -schwänze

1.

Für die Sauce Béarnaise die geschälte Schalotte oder Zwiebel feinhacken.

2.

In einen Kochtopf geben. Etwas weißen Pfeffer drübermahlen. Gewaschene Petersilienstengel zugeben. Weinessig und 3–4 Eßl. Wasser zugießen. So lange kochen, daß nur noch die Hälfte übrigbleibt (reduzieren).

3.

Brühe in eine Porzellanschüssel (nicht Aluminium) absieben.

4.

Eigelb unterrühren. Schüssel ins Wasserbad stellen. So lange unter Rühren erhitzen, bis eine dickflüssige, glatte Crème entsteht.

5.

Butter zerlassen. Die warme, klare Butter unter Rühren in die Sauce geben. Zuerst tropfenweise, dann in gleichmäßigem dünnem Strahl.

6.

Estragon und gehackte Petersilie unterheben. Mit Salz, eventuell noch mit Pfeffer abschmecken.

7.

Im Wasserbad bei etwa 50 Grad warm halten.

8.

Filet salzen und pfeffern. In Mehl wenden und auf jeder Seite etwa 4–5 Minuten braten.

9.

Spargel erhitzen. Abschmecken, abtropfen lassen. 1 Eßl. Butter darin zergehen lassen.

10.

Kalbsfilet anrichten. Mit dem Spargel garnieren. Darauf 1 Eßl. Sauce Béarnaise geben. Krebsnasen oder -schwänze darauf legen.

Beef Special.

Ein beliebtes schwedisches Gericht, für das Fleisch und Kartoffeln in sehr feine Würfel geschnitten werden. Das Fleisch mischen wir vor dem Braten mit Senf und Eigelb.

FÜR 4 PERSONEN

4 große Kartoffeln, Salz
400 g Rinderfilet
1 dicke Zwiebel, 5 Eßl. Butter
3 Teel. heller französischer (oder deutscher) Senf
4 Eigelb

1.

Kartoffeln schälen, waschen und kleinwürfeln. In kaltem gesalzenem Wasser aufsetzen. Aufkochen. Wasser wegschütten und abgießen.

2.

Das Rinderfilet genauso klein würfeln wie die Kartoffeln.

3.

Die Zwiebel schälen und kleinschneiden. In 1 Eßl. Butter goldgelb braten. Beiseite stellen.

4.

Die Kartoffeln in 2 Eßl. Butter braun braten. Aus der Pfanne nehmen und warm halten.

5.

Fleisch mit der gebratenen Zwiebel, dem Senf und dem Eigelb mischen. Die Mischung salzen und pfeffern.

6.

Restliche Butter in der Pfanne erhitzen. Fleischmischung darin wie ein Omelett etwa 5 Minuten auf jeder Seite bei mäßiger Hitze braten. Auf dem Teller zu einer länglichen Frikadelle anrichten. Dazu die gebratenen Kartoffeln.

Gefüllte Paprikaschoten.

Wir sind froh, daß man heutzutage jederzeit über Paprikaschoten verfügen kann. Früher war dieses leckere Gemüse nur im Sommer erschwinglich. Neben gefüllten Gurken und Tomaten gibt's bei uns die gefüllten Paprikaschoten fast das ganze Jahr über auf der Speisekarte. Sie werden in einer Tomatensauce gegart, was Gemüse und Sauce besonders würzig macht.

FÜR 4 PERSONEN

150 g Reis in Milch
(wie zu Fischauflauf, S. 57)
4 schöne grüne Paprikaschoten
300 g gemischtes Hackfleisch
2 Eier, 8 Eßl. Sahne
1 kleine Zwiebel
1 Eßl. Butter
1 Eßl. Kräutermischung
Salz, schwarzer Pfeffer

Für die Sauce:
1 Eßl. Butter, 1 Eßl. Mehl
2 Eßl. Tomatenmark
$\frac{1}{4}$–$\frac{3}{8}$ l Bouillon
evtl. Salz, schwarzer Pfeffer

1.

Reis in Milch kochen. Abkühlen lassen.

2.

Von den Paprikaschoten am Stielende einen Deckel abschneiden. Deckel und Schoten entkernen. Abspülen.

3.

Das Hackfleisch mit Reis, Eiern und Sahne mischen. Geschälte, gehackte Zwiebel in der Butter braten. Mit der Kräutermischung zugeben. Salzen, pfeffern und zu einem geschmeidigen Fleischteig verarbeiten. Abschmecken. In die Paprikaschoten füllen. Die Deckel auflegen.

4.

Für die Sauce Butter in einem Topf erhitzen. Mehl darin anschwitzen. Tomatenmark und Bouillon unterrühren. Aufkochen. Abschmecken. Die Schoten hineinstellen.

5.

Topf mit Deckel oder Alufolie schließen. Schoten ca. 40 Minuten schmoren. Elektroherd: 200 Grad. Gasherd: Stufe 3. Prüfen Sie mit einer Gabel, ob die Schoten gar sind. Dazu Kartoffelpüree reichen.

Boeuf Bourguignonne.

Dieses französische Gericht ist deshalb besonders schmackhaft, weil es aus vielen guten Zutaten zubereitet wird. In Frankreich gibt's eine Menge »Original-Rezepte«. So verschieden sie auch sein mögen, Pilze und Zwiebeln sind immer dabei. Wir mischen fein geschnittenen Speck in unserer Bourguignonne, nicht nur wegen des Geschmacks, sondern auch, weil es dann saftiger wird.

Übrigens ist man längst von der Regel, billigen Wein zum Kochen zu verwenden, abgekommen. Tun Sie es auch nicht. Guter Qualitätswein hebt auch die Qualität des Gerichts.

FÜR 4 PERSONEN

125 g gesalzener Speck
12 kleine Zwiebeln
100 g Champignons
800 g Rindfleisch in Gulaschstücke geschnitten
2 Eßl. Butter
1 gewürfelte Möhre
1 gewürfelter Knollensellerie
1 gewürfelte Zwiebel
2 Eßl. Mehl
1 Teel. Tomatenmark
2 Tassen Rotwein
Salz, schwarzer Pfeffer
1 Teel. Thymian
1 Lorbeerblatt
1 Knoblauchzehe
1 Eßl. gehackte Petersilie

1.

Speck in Streifen schneiden. Zwiebel schälen, Champignons putzen. Speck ausbraten, Zwiebeln und Champignons im Speckfett anbraten. Warm stellen.

2.

Das Fleisch salzen und pfeffern. Butter in einem Topf erhitzen. Fleischwürfel darin anbraten. Gewürfelte Möhre, Sellerie und Zwiebel zugeben und durchbraten.

3.

Mehl draufstäuben. Tomatenmark und Rotwein unter Rühren dazugeben. So viel Wasser zugießen, daß das Fleisch davon bedeckt ist. Salzen, pfeffern, Thymian und Lorbeerblatt zugeben. Bei mäßiger Hitze 2 Stunden schmoren. Mit einer Gabel probieren, ob das Fleisch gar ist. Die Kochzeit variiert je nach Qualität des Fleisches.

4.

Campignons, Zwiebeln und Speck und die geschälte, ausgepreßte Knoblauchzehe zugeben. Noch etwa 10 Minuten schmoren.

5.

Abschmecken. Mit Petersilie bestreuen. Reis dazu servieren.

Beef à la Rydberg.

Das ist ein klassisches Gericht aus dem alten Hotel Rydberg in Stockholm. Ein schönes Gericht mit Rinderfilet, das zu festlichen Anlässen serviert werden sollte. Man muß aber nicht den edelsten Teil des Filets dazu verwenden, da das Fleisch doch in Stücke geschnitten wird. Bitte, braten Sie das Fleisch in einer großen Pfanne, damit die Fleischstücke Platz haben und gut bräunen. Liegen sie zu nahe aneinander, dann gibt das Fleisch Saft ab, der die Bräunung verhindert; das Fleisch kocht statt dessen im eigenen Saft. Vergessen Sie nicht: das Fleisch wird erst ganz am Schluß gebraten.

FÜR 4 PERSONEN

4 große Kartoffeln, Salz
400 g Rinderfilet
1 Zwiebel
5 Eßl. Butter, 2 Eßl. Öl
schwarzer Pfeffer
1 Eigelb

1.

Die Kartoffeln schälen und in Würfel schneiden. In kaltes Salzwasser legen. Aufkochen lassen, Wasser abgießen.

2.

Rinderfilet ebenfalls in Würfel schneiden, etwa so groß wie die Kartoffelwürfel.

3.

Zwiebel schälen und hacken. In 1 Eßl. Butter bei schwacher Hitze anbraten, gelb werden lassen. Beiseite stellen.

4.

Jetzt die Kartoffeln in 2 Eßl. heißer Butter schön braun braten. Auf einer Platte anrichten und warm halten.

5.

2 Eßl. Butter und 2 Eßl. Öl in einer Pfanne erhitzen. Fleisch darin etwa 5 Minuten braten. Eventuell in zwei Portionen, falls Sie keine große Pfanne haben. Salzen und pfeffern.

6.

Fleisch mit den gebratenen Zwiebeln mischen. Neben den Kartoffeln anrichten. Ein rohes Eigelb in der Schale draufstellen.

Schweinerücken.

Hausmannskost aus bayerischen Landen. Der Schweinerücken ist Ihnen natürlich bekannt, aber das Kraut könnte eine neue Erfahrung sein. Das »Bayerische« an diesem Kraut ist, daß es sich um Weißkraut handelt, das mit Speck, Kümmel und Essig gewürzt wird. Richtiges Sauerkraut muß gären. Hier aber erhält man den säuerlichen Geschmack durch Essig, Zwiebel und Speck.

FÜR 4 PERSONEN

1000 g Schweinerücken
Salz, weißer Pfeffer
1 Teel. gemahlener Kümmel
2 Eßl. Butter oder Schweineschmalz
1 Eßl. Butter, 1½ Eßl. Mehl

Für das Kraut:
1000 g Weißkohl, 1 Zwiebel
4 Scheiben durchwachsener Speck
3/8 l Bouillon
2 Eßl. Essig, 1 Teel. Kümmel

1.

Schweinerücken mit Salz, Pfeffer und gemahlenem Kümmel einreiben. In 2 Eßl. Butter oder Schweineschmalz anbraten. In dem vorgeheizten Ofen auf die mittlere Schiene stellen. Etwa 2 Stunden braten. Dabei immer wieder mit wenig Wasser begießen, mit Fond beschöpfen und gelegentlich wenden. Elektroherd: 225 Grad. Gasherd: Stufe 4.

2.

Bratfond mit etwas Wasser loskochen. 1 Eßl. Butter mit dem Mehl verkneten. Unter Rühren in den Fond flocken, 5 Minuten kochen.

3.

Während das Fleisch gart: Kohl putzen, Zwiebel schälen, beides in Streifen schneiden, ebenso den durchwachsenen Speck.

4.

Zwiebeln und Speck in einem Topf glasig werden lassen. Weißkohl zugeben. Im geschlossenen Topf zusammen kochen lassen. Bouillon, Essig und Kümmel zugeben. Gut 1 Stunde bei mittlerer Hitze garen.

5.

Geschälte Kartoffeln in den Kohl reiben und ihn damit binden. Mit Salz abschmecken.

6.

Schweinerücken in Scheiben schneiden und anrichten. Mit Sauce überziehen. Bayerisches Kraut, Salzkartoffeln dazu servieren.

Bauernomelett.

Ein klassischer Imbiß, den Sie sich ab und zu mal wieder gönnen sollten, zumal er problemlos zu machen ist. Denn die Hauptzutaten Kartoffeln, Zwiebeln und Eier hat fast jeder im Haus. Die Zwiebeln kann man durch Schnittlauch ersetzen oder beides zugeben. Sie können das Gericht gleich in der Pfanne servieren, so schön sieht es aus.

FÜR 4 PERSONEN

200 g Kartoffeln
1 dicke Zwiebel
200 g durchwachsener
magerer Speck
1 Eßl. Butter, Salz
8 Eier, je 2 Eßl. gehackte Petersilie
und Schnittlauchröllchen

1.

Kartoffeln in der Schale kochen, schälen und vierteln. Dann die Stücke in Scheiben schneiden.

2.

Zwiebel schälen und in grobe Stücke schneiden.

3.

Durchwachsenen Speck in Scheibchen schneiden. In der Butter anbraten. Zwiebel darin anbraten, nicht bräunen, aber weich werden lassen. Kartoffeln zugeben und leicht bräunen, salzen.

4.

Eier verquirlen, leicht salzen, auf die Mischung gießen. Eier stocken lassen. Oder während des Garens mit einer Gabel die Masse wie ein Rührei durchrühren. Die Eimasse soll auf jeden Fall cremig bleiben. Omelett auf einer Platte oder in der Pfanne servieren. Mit Petersilie und Schnittlauch bestreuen. Oder den Schnittlauch in die verquirlten Eier geben und mitbraten.

Gefüllte Zwiebeln.

Dies ist ein gutes Hackfleischgericht. Sie können, wenn Sie wollen, dazu ihr eigenes Rezept für die Füllung verwenden. Gefüllte Zwiebeln sind griechischen Ursprungs. Daran erinnern die Korinthen. Wenn etwas übrigbleibt, essen Sie es ruhig kalt. Es schmeckt tatsächlich genauso gut.

FÜR 4 PERSONEN

4 große Zwiebeln, Salz

Für die Füllung:
350 g gemischtes Hackfleisch
5 Eßl. Semmelbrösel
⅛ l Milch, 2 Eier
Salz, weißer Pfeffer
1 Teel. Gewürzmischung

Für die Sauce:
3 Eßl. Korinthen
1 Dose geschälte Tomaten
1 Eßl. Öl
Salz, schwarzer Pfeffer
je 1 Prise Oregano und Majoran
2 Teel. Kartoffelmehl

1.

Die Zwiebeln schälen und quer in 2 Hälften teilen. Zwiebelhälften kurz in leicht gesalzenem Wasser kochen (blanchieren), dann kann man sie besser aushöhlen.

2.

Zwiebeln aushöhlen. 2–3 äußere Schichten übriglassen. Das Innere der Zwiebeln kleinhacken. Eine flache feuerfeste Form mit Butter einfetten und die Zwiebeln hineinstellen.

3.

Zutaten für die Hackfleischfüllung mit den gehackten Zwiebelstücken mischen. Abschmecken. Zwiebelhälften damit füllen. Mit Alufolie abdecken. Im vorgeheizten Backofen auf der mittleren Schiene in ca. 25 Minuten garen. Elektroherd: 225 Grad (Gasherd: Stufe 4).

4.

Für die Sauce die Korinthen kurz in Wasser aufkochen.

5.

Tomaten mit Öl und Gewürzen aufkochen. Mit dem in kaltem Wasser angerührten Kartoffelmehl binden. Korinthen zugeben. Mit Salz und Pfeffer abschmecken. Sauce nach Geschmack mit der Brühe verdünnen, die sich bei den gefüllten Zwiebeln gebildet hat.

6.

Reis oder Kartoffeln dazu servieren.

Niere Paysanne.

Bei diesem Gericht muß man nicht unbedingt Kalbsnieren verwenden. Rindernieren tun es auch. Nur müssen sie vom jungen Rind sein. Rindernieren müssen etwas sorgfältiger vorbereitet werden. Es ist sehr wichtig, daß man sie kurz blanchiert, und unter kaltem Wasser abspült. Außerdem sollte die Rinderniere nach dem Anbraten noch ein wenig schmoren, dagegen braucht die Kalbsniere nur angebraten zu werden.

FÜR 4 PERSONEN

700 g Niere vom jungen Rind
1 große Zwiebel, 2 Eßl. Butter
10 Eßl. Rotwein
Gut ½ l Bouillon
1 Teel. Thymian
Salz, weißer Pfeffer
2 Eßl. gehackte Petersilie
1 Teel. Tomatenmark
700 g Kartoffeln

1.

Sehnen und eventuelles Fett von den Nieren entfernen. Dann in zentimeterdicke Scheiben schneiden.

2.

Nierenscheiben kurz in kochendes Wasser geben. Dann kalt abspülen, so daß der Schaum, der sich beim Kochen durch gerinnendes Eiweiß bildet, entfernt wird.

3.

Zwiebel schälen und in Scheiben schneiden.

4.

Nierenscheiben in der heißen Butter anbraten. Zwiebel zugeben und mit einem Kochlöffel umrühren. Rotwein und Bouillon, Gewürze und Tomatenmark zugeben. Aufkochen. Im geschlossenen Topf ca. 1 Stunde garen. Achten Sie darauf, daß die Nieren immer von Flüssigkeit bedeckt sind.

5.

Kartoffeln schälen, waschen, in ½ cm dicke Scheiben schneiden. Zu den Nieren geben und noch 20 Minuten kochen. Gehackte Petersilie draufstreuen.

Rinderfilet Provençal.

Ob Sie es glauben oder nicht: dieses ist ein rein schwedisches Gericht, das angeblich durch Zufall entstanden ist. Und zwar in einem Stockholmer Restaurant. Eines Abends bestellten einige Gäste roh gebratene Kartoffeln und Gäste an einem anderen Tisch aßen Rinderfilet. Am späten Abend wollten die Köche und das Küchenpersonal sich selbst etwas Gutes gönnen, dabei hatte einer von ihnen die glänzende Idee, das Rinderfilet in Scheiben zu schneiden, auf die Kartoffeln zu legen, Knoblauchbutter darüber zu verteilen, und das Ganze schnell im Ofen zu überbacken. Ein neues, leckeres Gericht war entstanden. Das gleichnamige französische Gericht wird allerdings ganz anders zubereitet.

FÜR 4 PERSONEN

1000 g Kartoffeln
Salz
weißer Pfeffer
4 Eßl. Öl
600 g Rinderfilet am Stück
2 Eßl. Butter
40 g Knoblauchbutter
(fertig gekauft)
1 Eßl. gehackte Petersilie

1.

Kartoffeln schälen, waschen und in ca. 3 mm dicke Scheiben schneiden. Salzen und pfeffern und im heißen Öl in einem flachen Bräter braten. Kartoffelscheiben ab und zu wenden, damit sie gleichmäßig braun werden. Zugedeckt im Backofen bei 220 Grad (Gas: Stufe 3) auf der mittleren Schiene garen.

2.

Kartoffeln aus dem Bräter nehmen, Fett drinlassen.

3.

Bei »Cattelin« braten wir das Fleisch am Spieß, aber man kann es natürlich auch so machen: Das Filet etwas platt drücken, so daß es ca. 4 cm dick ist. Salzen und pfeffern. Im Bräter auf jeder Seite 4–5 Minuten braten, so daß es innen rot ist. Ein paar Minuten ruhen lassen, damit sich der Fleischsaft sammelt und beim Schneiden nicht verlorengeht.

4.

Kartoffeln in brauner Butter wieder erhitzen. Auf einer Platte anrichten, die Fleischscheiben daneben.

5.

Knoblauchbutter zerlassen. Über Fleisch und Kartoffeln gießen. Platte 3 Minuten in den vorgeheizten Ofen auf die oberste Schiene stellen. Elektroherd: 225 Grad. Gasherd: Stufe 4.

6.

Kartoffeln nach Geschmack mit gehackter Petersilie bestreuen. Kopfsalat dazu reichen.

Mixed Brochette.

Brochette ist die Bezeichnung für Metallspieße, auf die Fleisch und Gemüse zum Braten aufgespießt werden. Es gibt sie aus Leichtmetall zu kaufen. Sie können praktisch alle Sorten Fleisch verwenden, wichtig ist nur, daß das Fleisch zart ist. Die Fleischstücke abwechselnd mit z. B. Frankfurter Würstchen, Leber, durchwachsenem Speck und Paprika auf Spieße reihen. Meistens werden sie vorm Braten ein paar Stunden mariniert. Das macht sie schmackhafter und zarter.

FÜR 4 PERSONEN

150 g Rinderfilet
150 g Kalbsfilet
150 g Kalbsleber oder -niere
50 g durchwachsener Speck
100 g Frankfurter Würstchen
1 dicke Zwiebel
1 grüne Paprikaschote (100 g)
Champignons
3 Eßl. Öl
1 Teel. Thymian, Knoblauch, Salz

Für die Sauce:
1 dicke Zwiebel
2 Eßl. Öl
1 Dose geschälte Tomaten
1 Prise Oregano
Salz, weißer Pfeffer
1 Eßl. Kartoffelmehl

1.

Fleisch, Speck und Wurst in gleichmäßig große Stücke schneiden.

2.

Geschälte Zwiebel und geputzte Paprikaschote in Stücke schneiden und kurz in kochendem Wasser blanchieren. Champignons (für jeden Spieß einen) putzen.

3.

Auf jeden Spieß abwechselnd Fleisch, Zwiebel- und Paprikastücke, Speck, Leber, Wurststücke und einen Champignon reihen.

4.

Eine Marinade zubereiten aus Öl, Thymian und ausgepreßter Knoblauchzehe. Pfeffer drübermahlen.

5.

Spieße darin einige Stunden marinieren.

6.

Für die Tomatensauce die geschälte, gehackte Zwiebel im Öl anbraten. Geschälte Tomaten zugeben und zerdrücken. Würzen. Mit in Wasser angerührtem Kartoffelmehl binden.

7.

Öl in einer Pfanne erhitzen. Spieße darin unter häufigem Wenden braten. Leicht salzen. Dazu die Tomatensauce und Reis servieren.

Lamm mit Bohnen.

Für dieses Gericht können Sie jedes Teilstück vom Lamm verwenden. Es ist deftige Hausmannskost. Die weißen Bohnen müssen am Vortag eingeweicht werden, (es sei denn, Sie verwenden Dosen-Bohnen), damit ihnen die Flüssigkeit, die beim Trocknen verdunstet ist, wieder zugeführt wird. Legen Sie die Bohnen in reichlich Wasser, damit sie gleichmäßig aufquellen. Dann benötigen sie die gleiche Kochzeit. Nehmen Sie auch beim Kochen der Bohnen viel Wasser. Dann zerfallen sie nicht so leicht.

FÜR 4 PERSONEN

Für die Bohnen:
- 500 g weiße Bohnen (Hülsenfrüchte)
- 1 kleine Zwiebel
- 3 Gewürznelken
- 1 Knoblauchzehe
- Salz, weißer Pfeffer

Außerdem:
- 1 Zwiebel
- 1 Möhre
- 1000 g Lammfleisch in gulaschgroße Stücke geschnitten
- Salz, schwarzer Pfeffer
- 4 Eßl. Öl
- 1 Eßl. Tomatenmark
- 1 Teel. Rosmarin
- ½ Teel. Thymian
- ½ Lorbeerblatt
- 1 Knoblauchzehe
- 1 Eßl. Butter
- 2 Eßl. Mehl
- 2 Eßl. gehackte Petersilie

1.

Am Vortag: Bohnen in reichlich Wasser einweichen. Über Nacht stehen lassen.

2.

Bohnen mit ihrem Einweichwasser in einen Kochtopf füllen. Sie sollen eben von Wasser bedeckt sein. Geschälte Zwiebel mit den Gewürznelken spicken. Zwiebel und geschälte Knoblauchzehe in den Topf geben. Im geschlossenen Topf aufkochen. Bei mittlerer Hitze 2 Stunden kochen. Leicht salzen und pfeffern.

3.

Für das Ragout Zwiebel und Möhre schälen und kleinschneiden.

4.

Fleisch salzen und pfeffern. Öl im Topf erhitzen. Fleisch, Zwiebel- und Möhrenstücke darin anbraten.

5.

Wasser zugießen, so daß alles bedeckt ist. Aufkochen, abschäumen.

6.

Tomatenmark und Gewürze zugeben, Knoblauchzehe hineinpressen. Bei mäßiger Hitze in 40–50 Minuten garen.

7.

Fleisch aus dem Topf nehmen.

8.

Butter und Mehl mischen. Unter Rühren in den Schmorfond flocken und ihn damit binden. 5 Minuten kochen. Fleisch wieder zugeben.

9.

Zwiebel und Knoblauchzehe aus dem Bohnentopf nehmen. Bohnen abtropfen lassen. Unters Ragout mischen.

10.

Aufkochen, mit zerdrücktem Knoblauch und evtl. mit ein wenig Salz abschmecken, gehackte Petersilie drüberstreuen.

Indonesische Bandnudeln.

Bandnudeln können Sie natürlich nach eigenem Rezept zubereiten. Sie zu kaufen – und es gibt beste Qualitäten – macht das Kochen einfacher. Man sollte für alle Teigwaren reichlich Wasser aufkochen, salzen und die Nudeln darin in 10–15 Minuten »al dente« kochen. So sagen die Italiener, wenn sie Nudeln mit »Biß« haben wollen, das heißt also solche, die man noch ein bißchen kauen muß. Wenn die Italiener sie überhaupt nach dem Kochen abschrecken, dann höchstens mit lauwarmem Wasser. Dann läßt man sie abtropfen oder dämpft sie im Topf trocken. Ein aus Java stammender Koch, der bei uns arbeitete, hat uns zu diesem Rezept inspiriert.

FÜR 4 PERSONEN

200 g durchwachsener Speck
200 g Knollensellerie
200 g Lauch
300 g Weißkohl
1 kleiner Blumenkohl
1 Eßl. Butter
Sojasauce, Salz
Sambal Oelek
Sambal badjak
250 g Bandnudeln
100 g geriebener Parmesankäse

1.

Speck in feine Streifen schneiden. Gemüse putzen und waschen. Sellerie, Lauch und Weißkohl in streichholzdünne Streifen schneiden. Blumenkohl in Röschen teilen.

2.

Butter in einem Topf erhitzen. Speck darin glasig werden lassen.

3.

Gemüse zugeben. Umrühren. Pergamentpapier drauflegen. Bei geringer Hitze im geschlossenen Topf etwa 10 Minuten dünsten.

4.

Mit Sojasauce, Salz und den beiden Sambalgewürzen abschmecken. Achtung: Sambal Oelek (rot) ist zum Beispiel sehr scharf, Sambal badjak (schwarz) milder.

5.

Nudeln in kochendem Salzwasser garen, wenn Sie das Gemüse im Topf haben. Sorgfältig abgetropft unters Gemüse heben und heiß servieren. Mit Parmesan bestreuen.

Lamm-Kartoffel-Eintopf.

Zu diesem Kartoffelgericht braucht man eine große, tiefe Pfanne oder einen weiten Kochtopf. Man muß die Kartoffeln nämlich ausbreiten können, sie sollen nicht aufeinanderliegen, damit sie beim Garen nicht zerfallen.

FÜR 4 PERSONEN

8 Lammkoteletts
Salz, schwarzer Pfeffer
4 Eßl. Butter
1000 g Kartoffeln
1 große Zwiebel
1 Teel. Rosmarin
½ Teel. Thymian
1 Knoblauchzehe
½ l Bouillon
1 Eßl. gehackte Petersilie

1.

Lammkoteletts salzen und pfeffern. In der heißen Butter auf jeder Seite 2 Minuten braten.

2.

Kartoffeln schälen, waschen und in ½ cm dicke Scheiben schneiden. Geschälte Zwiebel in Scheiben schneiden.

3.

Kotelett-Bratfett in einen flachen Topf geben. Zwiebeln darin leicht anbraten. Kartoffelscheiben, gemischt mit Rosmarin, Thymian und der geschälten, zerdrückten Knoblauchzehe zugeben. Bouillon zugießen.

4.

Koteletts drauflegen, Aufkochen. Im geschlossenen Topf 20 Minuten garen. Mit Salz abschmecken. Mit kleingehackter Petersilie bestreuen.

Coq au Vin.

Dieses Gericht wurde wahrscheinlich in jener Zeit erfunden, als der französische König Henri IV. wünschte, daß jeder Franzose sonntags sein Huhn im Topf haben solle. Nach dem französischen Originalrezept verwendet man zum Coq au Vin ein Hähnchen. Wir finden aber eine Poularde besser.

Man zerlegt sie so: Schenkel und Flügel abschneiden. Am Brustbein entlang längsteilen. Rückenteil abtrennen. Jetzt haben Sie 2 Schenkel, 2 Flügel, 2 Brustteile und 1 Rückenteil. Die Schenkel im Kniegelenk teilen. Die Bruststücke samt Knochen quer durchteilen.

Ein wichtiger Tip: Gerichte mit Rotwein nicht in Aluminiumtöpfen kochen. Sie werden grau und unansehnlich. Scheuen Sie sich nicht, um das Ganze etwas farbenfroher zu machen, ein bißchen Soja in die Sauce zu geben.

FÜR 4 PERSONEN

1 küchenfertige Poularde
(etwa 1200 g)
2 Scheiben durchwachsener Speck
12 kleine Zwiebeln
100 g Champignons
4 Eßl. Öl
Salz, schwarzer Pfeffer
2 Eßl. Butter
½ Flasche Rotwein
⅛ l Bouillon
1 Teel. Thymian
1 Eßl. Speisestärke
2 Eßl. gehackte Petersilie

1.

Poularde innen und außen waschen. Zerlegen wie in der Einleitung beschrieben.

2.

Speck, geschälte Zwiebeln und geputzte Champignons nacheinander in 2 Eßl. heißem Öl anbraten. Warm stellen.

3.

Poulardenstücke salzen und pfeffern. Butter und restliches Öl in einem Topf erhitzen. Poulardenstücke darin anbraten und Rotwein und Bouillon zugießen. Thymian zugeben. Im geschlossenen Topf etwa 40 Minuten schmoren.

4.

Poulardenteile aus dem Topf nehmen. Rükkenfleisch von den Knochen lösen.

5.

Speisestärke mit Wasser anrühren. Schmorfond damit binden. Abschmecken.

6.

Poulardenteile, Speck und Champignons in den Schmorfond geben. Geschälte Knoblauchzehe hineinpressen. Aufkochen und die Zwiebeln in knapp 8 Minuten garen. Mit Salz und Pfeffer abschmecken. Petersilie drüberstreuen. Reis oder – echt französisch – in Butter gebratene Weißbrotdreiecke (Croutons) dazu servieren.

Irischer Hammeleintopf.

Zu diesem Gericht sollten Sie nicht zu edles und daher teures Lammfleisch verwenden. Ein Schulter- oder Bruststück tut es auch. Diese Fleischteile sind meist aromatischer, besonders von einem älteren Tier.

Hier ein Hinweis für das Kräuterpaket: Nehmen Sie das Grüne vom Lauch und benützen Sie es als »Tüte« für die Kräuter, anstelle von einem Stück Stoff. Da die Kartoffeln und das Gemüse passiert werden sollen, ist es gut, wenn die Kräuter beisammen bleiben.

FÜR 4 PERSONEN

1 Stück Knollensellerie (100 g)
2 Zwiebeln
2 Stangen Lauch
800 g Kartoffeln
800 g Hammelfleisch
in gulaschgroßen Stücken

Bouquet garni:
weißen Pfeffer
Lorbeerblatt und Thymian
in grüne Lauchblätter gepackt
Salz
2 Eßl. Butter
Lauchstreifen zum Garnieren

1.

Sellerie und Zwiebeln schälen. Lauch putzen und waschen. Das Weiße in Streifen geschnitten beiseite legen. Übriges Gemüse in Stücke schneiden.

2.

Kartoffeln schälen, waschen und in Stücke schneiden.

3.

Fleisch in einen Kochtopf füllen. So viel Wasser zugießen, daß es bedeckt ist. Aufkochen und gut abschäumen. Bouquet garni und das Gemüse, außer den weißen Lauchstreifen, zugeben. Salzen. Etwa 60 Minuten garen.

4.

Butter in einem Topf erhitzen. Weiße Lauchstreifen darin 5 Minuten dünsten. Eine Tasse Bouillon vom Fleisch nehmen und durch ein Sieb zum Lauch gießen. Kartoffelstücke zugeben. Im geschlossenen Topf in 15–20 Minuten garen. Mit Salz abschmecken.

5.

Fleisch aus dem Topf nehmen und in einer Schüssel anrichten. Schmorfond darauf passieren.

6.

Gemüse-Kartoffelmischung pürieren und aufs Fleisch verteilen. Mit den Lauchstreifen garnieren. Evtl. mit Salz abschmecken.

Schweizer Schnitzel.

Ein Schweizer Gericht, für das Sie natürlich Schweizer Emmentaler verwenden müssen. Denn nur er hat den unvergleichlich intensiven Geschmack. Wenn Sie die Schnitzel kaufen, bitten Sie den Fleischer, sie so flach zu klopfen wie für Wiener Schnitzel.

FÜR 4 PERSONEN

4 Kalbsschnitzel von je 150 g
Salz, weißer Pfeffer
4 Scheiben
Schweizer Emmentaler
2 dicke Scheiben
geräucherter Schinken
Mehl zum Wenden
2 Eier
Semmelbrösel
4 Eßl. Butter, 2 Eßl. Öl

1.

Die Schnitzel salzen und pfeffern.

2.

Jeweils ein Schnitzel mit einer Scheibe Käse belegen. Das Fleisch muß völlig mit Käse bedeckt sein. Darauf je eine Scheibe Schinken, dann wieder je eine Scheibe Käse drauflegen. Zum Schluß mit den beiden restlichen Schnitzeln bedecken.

3.

Mehl in einen Teller füllen. Im zweiten Teller die Eier verquirlen. In den dritten Teller die Semmelbrösel geben. Gefüllte Schnitzel zuerst in Mehl, dann in Ei und zum Schluß in den Semmelbröseln wenden. Überflüssige Semmelbrösel abklopfen. Das Schnitzelpaket etwas flach drücken.

4.

Butter mit Öl in einer großen Pfanne erhitzen. Schnitzel darin braten. Das dauert pro Seite etwa 8–10 Minuten. Dazu Tomatensalat und Bratkartoffeln reichen.

Lamm in Kohl.

Schade, daß nicht jeder Feinschmecker Lammfleisch mag. Dabei ist es heutzutage so zart und leicht pikant, daß es mit dem Hammelfleisch, wie es früher verkauft wurde (und das nach Wolle schmecken konnte), aber auch nichts mehr gemeinsam hat. Zu diesem Gericht brauchen Sie mageres Fleisch. Sollte doch etwas Fett dran sein, dann schneiden Sie es ab. Es schmeckt nicht gut; in unserer Küche verwenden wir es auch nicht weiter.

FÜR 4 PERSONEN

1000 g mageres Lammfleisch in Stücken
1 Zwiebel
1 Lorbeerblatt
½ Teel. weiße Pfefferkörner, Salz
1 Weißkohlkopf
12 kleine Kartoffeln
3 Möhren
je 1 Eßl. gehackte Petersilie und gehackter Dill

1.

Fleisch kurz aufkochen, dann kalt abspülen.

2.

Fleisch nochmals in einen Topf mit kaltem Wasser legen. Aufkochen und abschäumen.

3.

Geschälte Zwiebel, Lorbeerblatt und Pfefferkörner zugeben. Salzen. Im geschlossenen Topf bei milder Hitze 30 Minuten kochen.

4.

Weißkohl putzen und in grobe Stücke schneiden. Kartoffeln schälen, waschen. In Streifen schneiden. Ebenso die Möhren.

5.

Wenn das Fleisch sich von den Knochen löst, Kohl und Kartoffeln dazugeben. Noch 30–40 Minuten kochen. Mit Salz abschmecken. Dill und Petersilie draufstreuen.

Boeuf Lyonaise.

Diese beiden Gerichte sind eng miteinander verwandt, denn sie haben die gleichen Grundzutaten. Der Hauptunterschied: Bœuf Lyonaise wird heiß, der Salat Parisienne kalt serviert. Sie sollten eines der Gerichte immer dann zubereiten, wenn Rinderbraten oder Rinderbrust übrig geblieben ist. Oder Sie planen eines der Gerichte vor und kochen oder braten ein größeres Stück Fleisch. Denn Sie brauchen immerhin 500 g.

FÜR 4 PERSONEN

500 g gekochtes oder gebratenes Rindfleisch
500 g Pellkartoffeln
1 Zwiebel
2 Eßl. Öl
1 Knoblauchzehe
1 Eßl. Weinessig
Salz, weißer Pfeffer
1 Eßl. gehackte Petersilie

1.

Rindfleisch und geschälte Kartoffeln in gleich große Stücke schneiden. Zwiebel schälen und in Scheiben schneiden. Kartoffeln in heißem Öl in einer Pfanne anbraten. Wieder herausnehmen und warm stellen. Zwiebeln im restlichen Öl goldgelb dünsten. Auch herausnehmen. Dann das Fleisch anbraten. Kartoffeln und Zwiebeln wieder zugeben und erhitzen.

2.

Geschälte Knoblauchzehe hineinpressen. Weinessig zugeben. Salzen und pfeffern. Streuen Sie gehackte Petersilie drüber, bevor Sie das Gericht servieren.

SALAT PARISIENNE

FÜR 4 PERSONEN

500 g gekochtes oder gebratenes Rindfleisch
500 g Pellkartoffeln
1 Zwiebel
französisches Dressing (Rezept siehe S. 15)
Salz, weißer Pfeffer

1.

Fleisch in Stücke schneiden.

2.

Abgezogene Kartoffeln in Scheiben schneiden.

3.

Zwiebel schälen und in Scheiben schneiden.

4.

Dressing anrühren. Alle Zutaten untermischen. Mit Salz und Pfeffer abschmecken.

Nasi Goreng.

Übersetzt heißt dieses Gericht, eine Art Eintopf, Gebratener Reis. Es hat seinen Ursprung in Indonesien. Ausgewanderte Köche haben es in aller Welt bekannt gemacht und dem Geschmack der jeweiligen Region angepaßt. Wir bereiten es so zu:

FÜR 4 PERSONEN

150 g Reis, Salz
1 Zwiebel
100 g Sellerieknolle
1 Stange Lauch
250 g Weißkohl
200 g durchwachsener Speck
3 Eßl. Butter
2 Teel. Curry
300 g gebratenes Hähnchen
Kalb- oder Rindfleisch 150 g
Sambal badjak
(indonesische Würzpaste)
150 g Krabbenfleisch
4 Eßl. Öl
4 Eier

1.

Reis etwa 15 Minuten in Salzwasser kochen. Abtropfen lassen.

2.

Zwiebel und Sellerie schälen, Lauch und Weißkohl putzen und waschen. Alles in Streifen schneiden, auch den Speck.

3.

Speckstreifen in 1 Eßl. Butter anbraten. Gemüse zugeben. Mit Curry überpudern. Im geschlossenen Topf bei milder Hitze 15 Minuten dünsten.

4.

Fleisch würfeln. Mit dem Reis ins Gemüse mischen. Salzen und mit Sambal badjak abschmecken. Krabbenfleisch unterheben.

5.

Öl in einer großen Pfanne erhitzen. Nasi Goreng darin 10 Minuten durchbraten.

6.

Restliche Butter in einer Pfanne erhitzen. Eier darin aufschlagen, salzen und zu Spiegeleiern braten. Auf dem Nasi Goreng anrichten. Dazu können Sie Mixed pickles, Gurken und süßsaure Früchte reichen. Und Kroepoek, ein Krabbenbrot, das in heißem Öl fritiert wird.

Kalbskoteletts mit Oliven.

Dieses Rezept bekam Harry Uhr von einem adeligen französischen Schriftsteller. Er war zu Gast in Schweden und aß häufig in unserem Restaurant. In Frankreich heißt dieses Kotelett à la Mode de Nîmes. Aus gutem Grund. Denn in der Umgebung der großen Stadt Nîmes gibt es ausgedehnte Olivenplantagen, die größten und besten in Frankreich.

FÜR 4 PERSONEN

4 Kalbskoteletts
Salz, weißer Pfeffer
Mehl zum Wenden
4 Eßl. Butter
12 kleine Zwiebeln
100 g Oliven
1 Eßl. Mehl
10 Eßl. trockener Weißwein
¼ l Bouillon
2 Tomaten
1 Knoblauchzehe
10–12 paprikagefüllte Oliven
1 Eßl. gehackte Petersilie

1.

Koteletts salzen, pfeffern und in Mehl wenden. Butter in der Pfanne erhitzen. Koteletts darin auf jeder Seite 4–5 Minuten braten. Aus der Pfanne nehmen und warm stellen.

2.

Geschälte Zwiebeln und geputzte Champignons im Bratfond anbraten. Champignons herausnehmen und warm stellen. 1 Eßl. Mehl auf die Zwiebeln stäuben. Unterrühren. Weißwein und Bouillon zugießen. Durchrühren und aufkochen lassen. Zwiebeln im geschlossenen Topf etwa 10 Minuten dünsten.

3.

Tomaten mit kochendem Wasser überbrühen. Kalt abschrecken, häuten und halbieren. Zu den Zwiebeln geben.

4.

Geschälte Knoblauchzehe hineinpressen. Koteletts und Champignons in die Sauce geben. Aufkochen. Mit Salz und Pfeffer abschmecken.

5.

In Scheiben geschnittene Oliven locker unterheben. Mit gehackter Petersilie bestreut servieren.

Rosmarin-Hähnchen.

Nehmen Sie dazu wirklich 1 Hähnchen und keine Poularde (Masthuhn). Hähnchen schmeckt einfach besser. Die Poularden haben gar keine Zeit, um einen kräftigeren Fleischgeschmack zu entwickeln.

Nehmen Sie ein frisches Hähnchen, ein bißchen Öl, ein bißchen Rosmarin, Salz und Pfeffer und bereiten Sie ein Gericht, das wieder einmal beweist: Je unverfälschter ein Essen, um so besser ist es. Gute Beilagen: Kopfsalat in Sahnemarinade und Pommes frites.

FÜR 2 PERSONEN

1 küchenfertiges Hähnchen
weißer Pfeffer, 2 Eßl. Öl
1–2 Teel. Rosmarin

1.

Hähnchen innen und außen waschen. Sorgfältig abtrocknen. Den Rücken entlang ein-, aber nicht durchschneiden. Hähnchen wie einen Schmetterling auseinanderklappen, aber nicht in zwei Stücke teilen.

2.

Hähnchen leicht klopfen. Mit Salz und Pfeffer einreiben. Innen und außen mit Öl bestreichen und mit Rosmarinnadeln bestreuen.

3.

Hähnchen mit der Haut nach oben in eine Pfanne legen. Unterm vorgeheizten Grill (Backofen oder Elektrogerät) 12–15 Minuten goldbraun grillen.

Piccata Cattelin.

Piccata, diese italienischen Kalbsschnitzel, kennen Sie sicher. In manchen Gegenden, im Tessin zum Beispiel, werden sie mit Käse zubereitet. In manchen, wie zum Beispiel in Mailand, werden Käse und Schinken dazu verwendet. So wird's auch bei uns gemacht.

Eine allgemeine Regel für das, was in Eier-Käse-Gemisch gewendet wird, lautet, daß die Temperatur zum Braten erst heiß sein soll und dann niedriger. Für die panierten Schnitzel läßt man Butter in der heißen Bratpfanne schön bräunen. Sobald sie zu schäumen aufhört, legt man das Fleisch hinein und reduziert die Hitze. Nur so erreichen Sie ein gutes Bratergebnis.

FÜR 4 PERSONEN

Für die Sauce:
- 2 Eßl. Öl
- 1 kleine Zwiebel
- 1 kleine Dose geschälte Tomaten
- ½ Teel. Oregano
- 2 Teel. Speisestärke
- Salz, weißer Pfeffer

Außerdem:
- 4 Kalbsschnitzel, sehr dünn geklopft
- 2 Scheiben geräucherten Schinken
- Salz, weißer Pfeffer
- 2 Eier
- 40 g geriebener Parmesankäse
- Mehl zum Wenden
- 6 Eßl. Butter

1.

Für die Sauce das Öl in einem Kochtopf erhitzen.

2.

Geschälte, gehackte Zwiebel darin glasig, aber nicht braun braten.

3.

Geschälte Tomaten mit ihrem Saft und dem Oregano zugeben. Bei geringer Hitze etwa 30 Minuten kochen.

4.

Speisestärke in wenig kaltem Wasser anrühren. Sauce damit binden. Sie soll jetzt etwas dickflüssig sein. Mit Salz und Pfeffer abschmecken.

5.

Während die Sauce kocht, Schnitzel in je zwei Teile schneiden, den Schinken in jeweils vier Teile. Dann haben Sie 8 Scheiben Schinken und acht Stücke Schnitzel.

6.

Je eine Scheibe Schinken auf jedes Schnitzel legen. Leicht salzen und pfeffern.

7.

Eier verquirlen. Geriebenen Käse einrühren.

8.

Alle belegten Schnitzel in Mehl, dann in der Eier-Käse-Mischung wenden. Butter in einer großen Pfanne erhitzen (siehe Einleitung). Die Schnitzel auf jeder Seite etwa 4 Minuten braten.

9.

Dazu die Tomatensauce, in Butter und gehackter Petersilie geschwenkte grüne Erbsen und Reis – besser noch Spaghetti – servieren.

Portugiesisches Lamm.

Dieses Rezept verdanken wir einigen Gästen, die bei uns eine Weinprobe mit portugiesischem Wein durchführten. Dazu gab's original portugiesische Gerichte wie dieses. Der Lammbraten wird durch seine interessante Würze sehr schmackhaft. Wie man das Fleisch zum Füllen vorbereitet, erfahren Sie genau in der Zubereitung.

Wichtiger Tip: Braten nicht sofort anschneiden, wenn er aus dem Ofen kommt. Er muß etwa 10 Minuten ruhen, damit sich der Fleischsaft sammelt und nicht beim Schneiden herausläuft und verlorengeht. Zu diesem Lammbraten serviert man Batatas a Portugesa, was nichts anderes ist, als roh gebratene Kartoffeln.

FÜR 4–6 PERSONEN

Für die Füllung:
- 3 Eßl. gehackte Minze
- 2 Eßl. Butter
- 2 Eßl. feingehackter geräucherter Schinken
- 1–2 gepreßte Knoblauchzehen
- 1 Teel. Paprika edelsüß
- 1 Teel. Salz
- ½ Teel. frisch gemahlener schwarzer Pfeffer

Außerdem:
- 1 Lammkeule
- Salz, schwarzer Pfeffer
- 6 Eßl. Öl
- 1–2 Teel. Kartoffelmehl
- 1 Eßl. gehackte Minze

1.

Zutaten für die Füllung mischen. Abschmecken.

2.

Knochen aus der Lammkeule lösen. Dazu längs bis auf den Knochen einschneiden. Knochen herausschneiden. Fleisch auseinanderklappen.

3.

Füllung darauf verteilen. Fleisch fest zusammenrollen. Mit Küchengarn umwickeln. Mit Salz und Pfeffer einreiben. Gutes Verschnüren ist sehr wichtig, damit der Braten saftig und gut wird.

4.

Fleisch und Knochen im heißen Öl rundherum braun anbraten. Fleisch auf den Knochen legen. In den vorgeheizten Ofen auf die mittlere Schiene stellen. Etwas Wasser angießen und während der Bratzeit immer wieder beschöpfen. Elektroherd: 225 Grad. Gasherd: Stufe 4. Bratdauer etwa 40 Minuten. Bei dickem Braten etwas mehr. Wichtig: Die Flüssigkeitsmenge soll immer gleich bleiben. Also eventuell Wasser zugießen.

5.

Braten und den Knochen aus dem Topf nehmen. Küchengarn vom Braten entfernen. Bratfond mit Sherry abschmecken. Kartoffelmehl mit etwas kaltem Wasser anrühren. Sauce leicht damit binden. Sie soll nicht dickflüssig werden. Abschmecken. Restliche feingehackte Minze unterrühren.

BATATAS A PORTUGESA

- 1000 g Kartoffeln
- 3 Eßl. Öl
- 3 Eßl. Butter, Salz
- weißer Pfeffer
- 1 Eßl. gehackte Petersilie

1.

Geschälte, gewaschene Kartoffeln in ½ cm dicke Scheiben schneiden.

2.

Öl und Butter in einer Pfanne erhitzen. Kartoffelscheiben zugeben, salzen und pfeffern. Unter häufigem Wenden 20–30 Minuten braten. Sie sollen gleichmäßig bräunen. Mit gehackter Petersilie bestreut servieren.

Bauernfrühstück.

Dieses klassische schwedische Gericht können Sie sowohl als Mittag- wie als Abendessen oder Imbiß servieren. Früher hatte man dazu in den Familien spezielle Formen aus Ton oder Porzellan. Es gibt sie heute nur noch selten. Statt dessen können wir über unser modernes, feuerfestes Geschirr verfügen. Spiegeleier oder in Förmchen gestockte Eier gehören dazu. Und auf jeden Fall geräucherter Schinken.

FÜR 4 PERSONEN

4 Pellkartoffeln
8 Scheiben geräucherter Schinken
1 Zwiebel
6 Eßl. Butter
Salz
2 Eßl. gehackte Petersilie

1.

Pellkartoffeln schälen. Kartoffeln und Schinken klein würfeln. Geschälte Zwiebel hacken.

2.

3 Eßl. Butter in einer Pfanne erhitzen. Kartoffeln darin in 15–20 Minuten goldbraun braten. Salzen. Aus der Pfanne nehmen und auf einem Teller warm stellen.

3.

Gehackte Zwiebel in der Pfanne goldgelb werden lassen.

4.

Schinken zugeben und anbraten. Kartoffelwürfel unterheben.

5.

Die Eier vorsichtig aufschlagen. Je 2 Eier in eine Tasse gleiten lassen. Restliche Butter in vier Portionsformen erhitzen. Je 2 Eier hineingeben. Salzen. Im vorgeheizten Ofen bei 200 Grad (Gas: Stufe 2) in gut 5 Minuten stocken lassen.

6.

Oder die Eier in heißer Butter zu Spiegeleiern braten. Schinkenkartoffeln portionsweise anrichten, mit Petersilie bestreuen. Je zwei Spiegeleier draufgeben.

Kalbsleber in Rotwein.

Bei einem anderen Rezept in diesem Buch haben wir darüber gesprochen, daß »Marinière« zu deutsch »nach Art der Seemannsfrau« bedeutet. Jetzt begegnet uns der Weinhändler und seine Art Kalbsleber zuzubereiten. In Frankreich würde dieses Rezept wahrscheinlich »Monsieur Marchand de Vin« heißen, das bedeutet, »nach Art des Weinhändlers«. Aber wie Sie dieses Lebergericht auch nennen, es schmeckt vorzüglich. Vorausgesetzt, die Leber wird zart gebraten. Was bedeutet: Bei schwacher Hitze pro Seite etwa 3 Minuten. Wenn die Leber fertig ist, sollte sie innen rosa sein, außen braun und eine feste Konsistenz haben. Es gibt viele Dinge, die man tiefgefroren kaufen kann, aber Leber gehört nicht dazu. Sie muß frisch sein, um gut zu schmecken.

FÜR 4 PERSONEN

3 Schalotten oder kleine Zwiebeln
5 Eßl. Butter
8 Scheiben Kalbsleber
Salz, weißer Pfeffer
Mehl zum Wenden
1 Messerspitze Thymian
½ Lorbeerblatt
2 Teel. Tomatenmark
20 Eßl. Rotwein
gut ⅛ l Bouillon
evtl. Sojasauce
1 Eßl. gehackte Petersilie

1.

Zwiebeln schälen und fein hacken. Mit 1 Eßl. Butter mischen.

2.

Kalbsleber salzen und pfeffern. In Mehl wenden und wie folgt braten: 4 Eßl. Butter in einer Pfanne erhitzen. Leber zugeben, wenn die Butter zu zischen aufgehört hat. Hitze sofort verringern oder die Pfanne etwas wegziehen. Pro Seite 3 Minuten braten.

3.

Leberscheiben aus der Pfanne nehmen und warm stellen.

4.

Zwiebel in Butter in der Pfanne anbraten. Thymian und Lorbeerblatt zugeben. Pfeffer aus der Mühle drübermahlen. Tomatenmark und Mehl einrühren.

5.

Wein und Bouillon unter Rühren zugießen. 5 Minuten kochen. (Rotwein kann der Sauce eine etwas trostlose Farbe geben. Wenn Sie mögen, können Sie die Farbe mit etwas Sojasauce verbessern. Sie verändert allerdings auch den Geschmack).

6.

Petersilie unterrühren. Leber in der Sauce erhitzen und sofort servieren.

7.

Die Tatsache, daß man Leber bei mäßiger Hitze ganz kurz brät, damit sie nicht hart wird, bringt uns darauf, Ihnen zu sagen, daß es nichts in der Küche gibt, das überhitzt und gewaltsam gebraten werden soll. Zu starke Hitze trocknet die Lebensmittel aus.

Schwedische Leberpastete.

Ursprünglich baute dieses alte Rezept auf den billigsten Zutaten auf. Leber und andere Innereien waren früher das Preiswerteste, was zu haben war. Anstelle von Reis, zu Urgroßmutters Zeiten noch ein Luxusartikel, nahm man Gerstenkörner. Dazu servierte man Preiselbeerkompott.

Da Leber fettarm ist, braucht sie fetten Schweinebauch, damit der Pastetenteig schmackhaft und geschmeidig wird. Würzen Sie ausreichend, da beim Backen der Geschmack gemildert wird. Die Pastete ist übrigens gar, wenn der auslaufende Saft klar und nicht rotschillernd ist.

FÜR 4 PERSONEN

150 g Reis, Salz
⅛ l Wasser
⅛ l Milch
4 Eßl. Rosinen
1 Zwiebel
1 Eßl. Butter
200 g Schweine- oder Kalbsleber
100 g frischer oder
geräucherter Schweinebauch
je ½ Teel. Majoran und Thymian
weißer Pfeffer
evtl. heller Sirup

1.

Den Reis zuerst in gesalzenem Wasser 10 Minuten kochen, dann weitere 10 Minuten in Milch kochen. Er soll weich sein. Abtropfen.

2.

Rosinen in ein wenig Wasser aufkochen. Abtropfen lassen.

3.

Zwiebel schälen und hacken. In der Butter goldgelb braten.

4.

Leber und Schweinebauch grob würfeln. Zweimal durch den Fleischwolf (feine Scheibe) drehen oder in der Küchenmaschine zerkleinern.

5.

Alles mit dem Majoran und Thymian mischen. Mit Salz und Pfeffer, nach Geschmack auch noch mit Sirup abschmecken. Beachten Sie, daß die Masse einen kräftigen Geschmack haben sollte, da dessen Intensität durch das Backen gemildert ist.

6.

Pastetenteig in eine eingefettete feuerfeste Form füllen. Mit Alufolie oder Deckel schließen. Im Wasserbad in den vorgeheizten Ofen stellen. 60–80 Minuten garen. Elektroherd: 160 Grad. Gasherd: Stufe 1. Die Pastete ist fertig, wenn sie sich fest anfühlt.

Nachspeisen.

Fritierte Käsebällchen.

Ein spannendes und etwas ungewöhnliches Käsegericht. Vergessen Sie nicht, mit dem Fritieren vorsichtig zu sein, für das Sie besonders guten, aromatischen Käse verwenden sollten. Der fertig geriebene Käse erfüllt nicht immer diese Forderungen. Kaufen Sie am besten ein Stück Schweizer Emmentaler oder Gruyère und reiben Sie ihn selbst.

FÜR 4–6 PERSONEN

1½ l Öl
¼ l Wasser
100 g Butter
1 Prise Salz
150 g Mehl
4 Eier
150 g geriebener Käse
weißer Pfeffer
1 Prise Cayennepfeffer
evtl. geriebenen, mit Paprika edelsüß gemischten Käse

1.

Öl im Fritiertopf auf 180 Grad erhitzen.

2.

Wasser mit Butter und Salz in einem Topf aufkochen. Mehl auf einmal hineinschütten. Rühren, bis sich ein Teigkloß und auf dem Topfboden eine weiße Schicht bildet.

3.

Topf vom Herd nehmen. Ein Ei nach dem anderen mit dem Teig verrühren.

4.

Käse hineinrühren. Mit Pfeffer abschmecken, evtl. auch mit einer Prise Cayennepfeffer. (Achtung, sehr scharf!)

5.

Aus dem Teig walnußgroße Bällchen formen. Ins heiße Öl geben. Backen, bis sie doppelt so groß und goldbraun sind und an der Oberfläche schwimmen.

6.

Bällchen auf Haushaltspapier abtropfen lassen. Nach Geschmack vorm Servieren in Käse-Paprika-Mischung wenden.

Multbeerenparfait.

Leider gibt es in Deutschland die zu diesem Parfait nötige Multbeerenmarmelade nur in wenigen Feinkostläden. Genauso ist es mit dem Multbeerenlikör, dem Lakka. In Skandinavien wachsen diese Beeren hauptsächlich in Lappland. Sie haben Ähnlichkeit mit unseren Himbeeren, sind aber gelb.

Um mit dieser leckeren Süßspeise Erfolg zu haben, brauchen Sie ein gutes Gefühl für Temperaturen. Wenn Sie die Eier-Zucker-Crème zubereiten, muß das bei mäßiger Hitze geschehen. Ist das Wasserbad zu heiß, dann entstehen Klümpchen. Bei niedrigerer Temperatur ist das Ergebnis sicherer, aber dafür macht es mehr Arbeit. Wir raten Ihnen, während des Zubereitens den Teig ins Wasserbad zu stellen. Hier im Restaurant wird die Crème gewohnheitsmäßig in einem Topf auf dem Ofen gemacht. Wir erkennen, wenn die Temperatur richtig ist; das verlangen wir natürlich von Ihnen nicht. Ein guter Tip: Nehmen Sie die Schüssel vom Herd, wenn die Crème die Konsistenz einer leicht geschlagenen Sahne hat, also dickflüssig ist. Schlagen Sie weiter, bis die Crème abgekühlt ist.

FÜR 10 PERSONEN

6 Eigelb
60 g Zucker
½ l Schlagsahne
300 g Multbeerenmarmelade
8 Eßl. Multbeerenlikör
oder Cognac

1.

Eigelb von Eiweiß trennen. Das Eiweiß im Kühlschrank aufbewahren.

2.

Eigelb und Zucker in einer Schüssel sorgfältig verrühren. Ins Wasserbad stellen und auf dem Herd bei mäßiger Hitze schlagen, bis die Masse cremig ist.

3.

Sahne nicht zu steif schlagen.

4.

Multbeerenmarmelade, Multbeerenlikör und Schlagsahne in die Crème mischen.

5.

In eine Form füllen, abdecken und einfrieren. Wenn Sie das Parfait servieren wollen, halten Sie die Form ganz kurz in warmes Wasser, damit es sich leichter stürzen läßt. In Scheiben geschnitten portionsweise anrichten.

Mousse au Chocolat.

Die meisten Rezepte für diese Nachspeise enthalten Eiweiß. Unseres nicht. Diese überaus schmackhafte Crème steht seit mindestens 25 Jahren auf unserer Speisekarte. Würden wir das Rezept nur ein klein wenig ändern, unsere Gäste würden protestieren.

Achten Sie darauf, daß Sie die Crème nicht zu heftig schlagen, sonst wird sie körnig und ist verdorben. Nehmen Sie dunkle Schokolade!

FÜR 6 PERSONEN

¼ l Schlagsahne
6 Eßl. fertigen Kaffee
100 g süße dunkle Schokolade
1 Eigelb

1.

Kaffee in einem Topf erhitzen. Schokolade darin bei schwacher Hitze schmelzen lassen. Nicht kochen!

2.

Masse abkühlen lassen. Eigelb unterrühren.

3.

Sahne duftig, aber nicht fest schlagen. Genauso, wie Sie die Sahne für Sahnetorte brauchen.

4.

Sahne locker unter die Kaffee-Schokoladenmischung heben.

5.

In Dessertschüsseln oder Gläser einfüllen. 2 Stunden im Kühlschrank ruhen lassen.

Orangensoufflé.

Ein Soufflé gehört zur Aristokratie der Süßspeisen. Darum verlangt es auch, daß es mit Fingerspitzengefühl zubereitet wird. Im Gegensatz zum Käsesoufflé darf die Oberfläche des Orangensoufflés nicht reißen. Sie muß also glatt und ebenmäßig sein. Der Käseauflauf dagegen soll aufplatzen, weil der Käse aufquillt. Ein anderer Unterschied: Hier bestreuen wir den Rand der Auflaufform mit Zucker, beim Käsesoufflé mit Mehl.

FÜR 4 PERSONEN

40 g Mehl
40 g Butter
¼ l Milch
50 g Zucker
3 große Orangen
3 Eigelb
5 Eiweiß

1.

Orangen abwaschen und trocknen. Schale abreiben. Aber weiße Haut darf nicht dran sein. Sie ist bitter.

2.

Orangen auspressen. Saft in einen Kochtopf gießen, bis ungefähr zur Hälfte einkochen.

3.

Milch aufkochen. Die Butter in einem Topf erhitzen. Mehl hineinrühren. Unter starkem Rühren die heiße Milch nach und nach dazugießen. 5 Minuten kochen lassen.

4.

Zucker, eingekochten Orangensaft und geriebene Orangenschale unterrühren.

5.

Den Topf vom Herd nehmen. Verquirltes Eigelb hineinrühren. Nach Geschmack Cointreau oder Curaçao zugeben.

6.

Eiweiß mit Salz so steif schlagen, daß ein Messerschnitt darin zu sehen ist. Wenn Sie mit dem Elektroquirl (Rührbesen) arbeiten, zunächst auf kleinster Schaltstufe, nach und nach höher einstellen.

7.

Auflaufform von 1 l Inhalt mit Butter einfetten. Rand mit Zucker ausstreuen. Eiweiß locker unter den Teig mischen und einfüllen. Soufflé im vorgeheizten Ofen (mittlere Schiene) bei 200 Grad (Gas: Stufe 4) 20–25 Minuten backen. Backofentür während dieser Zeit nie öffnen, sonst fällt es zusammen.

8.

Puderzucker draufsieben. Sofort servieren. Schlagsahne oder Weinschaumcrème dazu reichen.

Apfelkompott.

Wir Köche vom »Cattelin« lieben dieses supereinfache Apfelkompott so sehr, daß wir es täglich kochen. Aus den allerfrischesten Äpfeln, die's gibt. Dann ist es eine herrliche Erfrischung, die wir genau dann essen, wenn die gewiß nicht leichte Arbeit in der Küche getan ist. Serviert wird es übrigens direkt aus dem Kühlschrank. So schmeckt's am besten.

FÜR 4 PERSONEN

150 g Zucker
1 l Wasser
4 aromatische frische Äpfel

1.

Zucker und Wasser verrühren. Im Topf aufkochen und bei geringer Hitze in 10 Minuten zur Zuckerlösung kochen.

2.

Äpfel schälen, halbieren oder vierteln und entkernen.

3.

Apfelstücke in die Zuckerlösung legen. Nur aufkochen. Vom Herd nehmen. Durchziehen und dabei abkühlen lassen.

4.

Im Kühlschrank gekühlt servieren. Tip: 1 Stange Zimt mitkochen. Das schmeckt auch gut.

Birnen in Rum.

Haqvin Gyllensköld, so heißt ein begabter schwedischer Koch. Von ihm stammt die Idee für dieses Gericht, das vorzüglich schmeckt. Auch wenn wir es nicht genauso kochen, wie er es beschreibt, so gebührt ihm doch die Ehre, der Erfinder zu sein. Diese Speise muß am Tag vor dem Verzehr zubereitet werden.

FÜR 4 PERSONEN

4 Birnen
Saft einer halben Zitrone
150 g Zucker für die Zuckerlösung
3 Eigelb
1 Eßl. Zucker
4 Eßl. Rum
¼ l Sahne

1.

Birnen so schälen, daß die Schale um den Stiel herum übrigbleibt. Stiel und Kerngehäuse nicht entfernen. Untersten Teil der Birnen gerade schneiden, damit die Birnen stehen können.

2.

Birnen mit Zitronensaft einreiben. In einer Zuckerlösung aufkochen, die aus 150 g Zucker und einem Liter Wasser (siehe Apfelkompott S. 105) besteht. Im geschlossenen Topf ziehen lassen, bis sie weich sind. Das dauert etwa 10–15 Minuten.

3.

Eigelb mit dem Eßl. Zucker und dem Rum in einer Schüssel verrühren. Schüssel ins Wasserbad stellen.

4.

Bei schwacher Hitze cremig rühren. Topf aus dem Wasserbad nehmen. Weiterrühren, bis die Sauce abgekühlt ist. Beachten Sie genau: Erst bei langsamer Erwärmung rühren, bis die Sauce dicker wird, dann ohne Wärme weiterrühren, bis die Sauce abkühlt. Seien Sie vorsichtig und rühren Sie lieber etwas zu viel, als zu wenig.

5.

Sahne nicht zu steif schlagen. Mit der Rumcrème mischen. Etwas Sauce auf die abgetropften angerichteten Birnen gießen, den Rest extra servieren. Bis zum Verzehr im Kühlschrank aufbewahren.

Fritierte Apfelringe.

Wenn Sie sich einmal dazu entschlossen haben, zu Hause zu fritieren, sollten Sie dafür sorgen, daß Sie alles Nötige dazu im Hause haben. Außer dem Fritiertopf brauchen Sie ein Fritierthermometer. Denn nur der Geübte kann Temperaturen schätzen, ohne sie nachprüfen zu müssen. Anders ist es, wenn Sie eine elektrische Friteuse haben. Da lassen sich die Temperaturen am Wählschalter einstellen. Fritieren ist übrigens einfacher, als manche annehmen.

FÜR 4 PERSONEN

250 g Mehl
1 Eigelb
¼ l Wasser
¼ l Bier
6 Eßl. Öl
4 große Äpfel
8 Eßl. Kirschwasser
50 g Zucker
1 kleine Dose Aprikosen (400 g)
75 g Zucker
2 Eiweiß
etwa 1½–2 l Öl zum Fritieren
Puderzucker zum Bestäuben

1.

Mehl, Eigelb, Wasser, Bier und Öl in einer Schüssel zum glatten Teig rühren. Ruhen lassen.

2.

Äpfel schälen, Kerngehäuse ausstechen. Äpfel in gleich große Ringe schneiden. In eine flache Form legen. Mit dem Kirschwasser darauf verteilen. Mit dem Zucker bestreuen. In der geschlossenen Form 60 Minuten marinieren.

3.

Aprikosen in einen Topf füllen, 75 g Zucker zugeben.

4.

Aufkochen und etwa 5 Minuten kochen. Durch ein Sieb passieren. Auskühlen lassen. Apfelringe im Küchentuch gründlich trocknen.

5.

Eiweiß steif schlagen, locker unter den Teig heben.

6.

Öl im Fritiertopf oder in der Friteuse auf 180 Grad erhitzen (Fritierthermometer).

7.

Apfelscheiben zuerst in den Teig tauchen. Dann ins Fritierfett geben und schön braun backen. Ab und zu wenden. Mit dem Schaumlöffel aus dem Topf nehmen. Auf Haushaltspapier abfetten. Puderzucker draufsieben. Apfelscheiben noch heiß mit der Aprikosensauce servieren.

Crème Caramel Porto.

Ab und zu liefern uns unsere Gäste leckere Rezepte. Auch diese Crème Caramel mit Portwein wurde uns überliefert. Weil sie so lecker ist, haben wir sie für unsere Speisekarte übernommen. Sie ist relativ einfach zubereitet und schmeckt doppelt so gut. Ursprünglich handelt es sich um ein italienisches Dessert. Das Rezept, das wir bekamen, besagte, man solle nur das Eigelb benutzen. Aber das geht nicht. Das Ganze bindet ohne Eiweiß nicht.

FÜR 4 PERSONEN

⅛ l Sahne
⅛ l Milch
170 g Zucker
3 Eier
4 Eßl. Portwein

1.

Sahne und Milch im Topf mischen. Aufkochen lassen. Vom Herd nehmen. Etwas Wasser aufkochen.

2.

Zucker in einer Pfanne unter Rühren schmelzen. Sobald er anfängt, goldbraun zu werden, gießen Sie etwa die Hälfte in eine Schüssel.

3.

Zum restlichen Zucker in der Pfanne das kochende Wasser rühren, bis Sie eine flüssige Sauce bekommen. In einer Schüssel auskühlen lassen. Dies ist die Caramelsauce.

4.

Heiße Sahne-Milch-Mischung unter ständigem Rühren unter den Zucker in der Schüssel rühren. Abkühlen lassen.

5.

Eier kräftig verquirlen. In die Schüssel mit der Sahnemischung rühren. Portwein zugeben. Durch ein feines Sieb passieren.

6.

Kleine feuerfeste Formen mit Caramelsauce ausstreichen. Puddingmasse darin verteilen. Formen ins Wasserbad stellen. Auf dem Herd bei etwa 90 Grad stocken lassen. Das Wasser darf auf keinen Fall kochen. Abgekühlt zu der Caramelsauce servieren.

Käsesoufflé.

Für die klassischen Käsesoufflés, die in den Küchen der ganzen Welt zu Hause sind, gibt es viele Rezepte. Wenn man dabei überhaupt von einer Schwierigkeit reden kann, dann ist es die, das Eiweiß fest zu bekommen. Mit dem Elektroquirl gelingt das aber immer. Wenn Sie es mit der Hand schlagen, geben Sie 1 Prise Salz hinzu. Wichtig ist, daß das Eiweiß im Kühlschrank vorgekühlt wird. Daß beim Trennen kein Eigelb hineingeraten darf, wissen Sie sicher selbst.

Das Schlagen dient dazu, dem Eiweiß Luft zuzufügen. Dieses Ergebnis erreicht man tatsächlich schneller, wenn man nicht sofort zu stark schlägt. Beginnen Sie also ganz ruhig und beschleunigen Sie das Schlagtempo nach und nach. Erst wenn das Eiweiß in der umgekippten Schüssel hängen bleibt, ist es fertig.

FÜR 4 PERSONEN

40 g Butter
40 g Mehl
¼ l Milch
3 Eigelb
5 Eiweiß
100 g geriebener Käse (Parmesan oder Schweizer Emmentaler)
1 Messerspitze Cayennepfeffer (vorsichtig!)
Salz und Pfeffer

1.

Eigelb und Eiweiß trennen. Bedenken Sie, daß Sie 5 Eiweiß, aber nur 3 Eigelb brauchen. Das Eiweiß in den Kühlschrank stellen.

2.

Milch im Topf warm werden lassen.

3.

Butter in einem Kochtopf schmelzen. Mehl unterrühren. Warme Milch nach und nach zugießen und rühren, bis der Teig geschmeidig ist. Noch ein paar Minuten kochen lassen und vom Herd nehmen.

4.

Eigelb mit dem geriebenen Käse verrühren. Mit Salz und Pfeffer kräftig abschmecken. Das Eiweiß, das noch hinzugefügt wird, mildert die Würze wieder.

5.

Eiweiß steif schlagen. Locker unter den Käseteig heben.

6.

Auflaufform mit Butter einfetten, mit Mehl ausstreuen. Überflüssiges Mehl aus der Form schütten. Käseteig hineingeben. Etwa 30 Minuten bei 200 Grad (Gas: Stufe 3) im vorgeheizten Ofen auf der mittleren Schiene bakken. Während der Backzeit die Türe des Ofens nicht öffnen, sonst fällt das Soufflé zusammen. Sauce aus frischen Tomaten schmeckt vorzüglich dazu.

Aus dem Schwedischen
übertragen von Susanna zu Knyphausen
Redaktion: Hannelore Blohm

Das vorliegende Buch beruht in erster Linie auf den vorzüglichen Gerichten, die Harry Uhr und Kjell Blekenberg ihren Gästen im Restaurant Cattelin servieren.
Sein Zustandekommen ist aber ebenso dem Interesse zu verdanken, mit dem sich Lars Falk und Ove Pihl darum bemühen, Kochbücher zu schaffen, die es allen Freunden der Kochkunst ermöglichen, ebensolche Ergebnisse zu erzielen.
Dieses Bestreben kennzeichnet auch den Fotografen Jan Åke Bengtsson, der die Gerichte in diesem Buch fotografiert hat.
Dank für ihre Mitarbeit sagen wir Berit Erikson, die kontrollierte, ob alle Maßangaben und Begriffe stimmen.

Besonderer Dank gebührt Paul Eklund, der das Layout dieses Buches detailliert ausgearbeitet und bis zur Drucklegung überwacht hat.

Das Restaurant Cattelin wurde im Laufe der Zeit von zahlreichen Künstlern mit eigenen Werken ausgeschmückt.
In diesem Buch sind folgende Künstler vertreten:
Lennart Jirlow (Detail aus einem Ölgemälde),
Roland Kempe (Seite 1) und Olle Nyman (Seiten 12 und 110).

Reproarbeiten: Christensen & Skrydstrup, Kopenhagen
Druck, Bindearbeiten: Århus Stiftsbogtrykkerie, Århus
Satz: Partner Satz, Ingolstadt
Produktion: Gorbach GmbH, Gauting

ISBN: 3-88472-032-5

PARIS-